AF293621

Ô TOI QUI ÉCOUTES LA PRIÈRE

Prier pour créer des *Possibilités*

Ô TOI QUI ÉCOUTES LA PRIÈRE

Prier pour créer des *Possibilités*

Impression : Libri Plureos GmbH, Friedensallee 273,
22763 Hamburg (Allemagne)

© Alain Lubamba, 2024.
Édition : Les Éditions Blossom Inc. – www.editionsblossom.com
ISBN : 978-2-9822016-7-5

Dépôt légal : 4e trimestre 2024.
Bibliothèque et Archives nationales du Québec
Bibliothèque et Archives Canada

Auteur : Alain Lubamba Mbuyi
Direction littéraire : Aurélie Nseme Obiang
Conception graphique : Aristide Benameyi / Benameyi Graphiste
Révision et corrections : Éditions Blossom

À Dieu Tout-Puissant, je suis reconnaissant pour la capacité et l'inspiration que Tu m'as accordées pour réaliser ce rêve. Comme des gouttes tombant une à une dans un récipient jusqu'à ce qu'il soit plein, Tu as façonné révélation après révélation dans mon esprit au cours des nombreuses années de ma marche avec Toi, afin de produire cet outil pertinent pour l'œuvre du ministère et le perfectionnement des saints.

SOMMAIRE

REMERCIEMENTS

À ma chère épouse Nana Lubamba, et à mes enfants : Jeffrey Lubamba, Joy Lubamba et Jaimely Lubamba, vous êtes spéciaux pour moi. Ma femme est une compagne de prière, une merveilleuse partenaire de prière depuis le premier jour, je l'appelle mon intercesseuse personnelle, qui n'a d'égal que le Saint-Esprit, et je me souviendrai toujours de tes conseils pour les moments de dévotion spirituelle.

À ma mère Cécile Mbelu, une femme merveilleuse qui m'a toujours enseigné les choses du Royaume de Dieu, je suis fier d'être ton fils et je suis profondément reconnaissant pour toutes tes prières, tes encouragements et ton soutien dans notre engagement à aimer et servir Dieu à tout prix.

À ma tante Antoinette Kapinga, qui est partie rejoindre le Seigneur il y a de nombreuses années ; ce livre est une réponse à tes nombreuses prières, ainsi qu'un hommage à tes inoubliables conseils sur l'importance d'être des personnes engagées et priantes pour la gloire de Dieu et l'avancement de son Royaume.

Au Pasteur Michel Kamanda et au Dr. Birland Lo-sambola, mes premiers compagnons de ministère et de prière, je me souviendrai toujours de nos modestes débuts avec beaucoup d'enthousiasme ; sous le soleil, dans des conditions inconfortables pendant nos périodes de retraite, nous avons avancé l'œuvre de Dieu dans le territoire qu'il nous avait assigné pour le ministère, à travers nos moments de prière mémorables et nos puissantes administrations.

Au regretté pasteur Vernaud, le patriarche, j'ai tant appris de vos enseignements que je suis capable de surmonter les tempêtes dans ma vie et dans mon ministère aujourd'hui.

À l'apôtre Dalo Luhata, mentor et modèle, nous nous souviendrons de votre ténacité et de votre fermeté dans notre engagement pour une vie de prière extraordinaire. Merci pour vos orientations et vos précieux conseils.

À l'apôtre Veyi, je suis l'un des bénéficiaires de la grâce de Dieu sur votre vie et de votre style de leadership exceptionnel qui a influencé le ministère de la jeunesse de l'Église de La Borne pendant de nombreuses années.

À tous les frères et sœurs dans le Seigneur qui ont exercé leur ministère avec moi pendant 39 ans, vous êtes précieux, des partenaires de prière en toutes saisons ; nous avons gémi ensemble et votre soutien au milieu des défis est très apprécié.

À tous mes traducteurs et réviseurs, **le pasteur Roland Dalo, le pasteur Leticia Kombe, Pasteur Didier Kahungu, la sœur Sylviana Nsumbu, le frère Patrick Mays, Nana Lubamba,** merci pour votre disponibilité et votre contribution à ce projet.

Enfin, un remerciement spécial va au Temps des Champions et à l'église DGG, une session de prière matinale quotidienne sous la direction du Dr. Prophète Rhema Ngoy, une grande bénédiction pour le corps de Christ. Que Dieu vous bénisse pour les innombrables bénédictions que j'ai reçues et pour l'occasion qui m'a été donnée de servir avec vous au Canada et dans le monde entier lors de réunions de réveil et de sensibilisation.

Pasteur Alain Lubamba Mbuyi

PRÉFACE

Il y a 36 ans, dans Sa prescience, Jéhovah a mis sur ma route un jeune homme à peine sorti de l'adolescence qui venait de faire sa rencontre avec le Christ. Je m'en souviens comme si c'était hier (car il me semble que les jours ont passé vite) et je revois sa tenue vestimentaire, son visage un peu timide et réservé, mais surtout sa soif et son désir de mieux connaître Celui à qui il venait de confier sa vie. C'est ainsi que j'ai fait la connaissance de l'auteur de ce merveilleux livre que vous tenez entre vos mains.

Depuis, beaucoup de choses se sont passées : notre relation, d'abord timide, s'est beaucoup renforcée. En plus de la simple influence spirituelle que j'ai eue sur lui, nous avons aussi travaillé ensemble au Centre Évangélique et Francophone de La Borne en République Démocratique du Congo, où il a accompli un travail important et efficace dans son domaine, celui de la gestion. Lorsqu'il m'a remis le manuscrit de ce livre, je me suis dit : « Encore un livre sur la prière », mais très vite, à chaque page de « O Toi qui écoutes la prière », non seulement je me suis repenti, mais surtout, je me suis surpris à dire : « Ce livre doit être publié et lu par le plus grand nombre de chrétiens », pour plusieurs raisons. En voici cinq en particulier :

1. Sa richesse dans la présentation de cette activité importante et principale pour tout enfant de Dieu : la prière.

2. Son style, à la fois détaillé et élaboré, mais aussi simple et consommable pour toutes les générations d'enfants de Dieu.

3. Il nous apprend non seulement ce qu'est la prière, mais aussi ce qu'il faut faire et ne pas faire pour être entendu.

4. Il nous épargne d'être ajoutés à la longue liste des personnes dont les prières ne sont pas exaucées, non pas à cause de Celui à qui elles s'adressent, mais à cause de la manière dont elles pratiquent cet exercice spirituel, et surtout à cause des bases erronées. L'apôtre Jacques aborde ce sujet en Jacques 4:3 (LSG) : **« Vous demandez et vous ne recevez pas, parce que vous demandez mal... »** (J'aime bien la traduction Parole de Vie qui dit : vous demandez et vous ne recevez rien ? Parce que vous demandez mal...).

   Cette citation souligne qu'il ne suffit donc pas de pratiquer la prière, il est également essentiel d'en connaître les bases et de savoir comment bien s'y prendre.

5. L'approche didactique et pédagogique de l'auteur est remarquable. En près de 40 ans dans le Seigneur et près de 33 ans de ministère pastoral, j'ai rarement eu entre les mains un livre aussi enrichissant sur le sujet de la prière. C'est pourquoi je vous encourage vivement de lire « O Toi qui écoutes la prière » et de le recommander, car le jeu en vaut la chandelle. Que Dieu vous bénisse.

Votre frère dans la moisson, Roland DALO, serviteur.

INTRODUCTION

Dieu attend votre prière et a des réponses en réserve pour vous avant même que vous ne vous engagiez dans une session de prière. Que vous décidiez de prier ou non, **le plus grand perdant n'est pas Celui qui contrôle tout l'univers, mais vous, car vous passez à côté de la plate-forme la plus vitale et la plus excitante qui vous permettra de rester connecté au Père. Celui-ci est enthousiaste à l'idée d'avoir une conversation permanente avec vous.**

Sur cette planète terre, prendre conscience d'un Dieu (Elohim) qui est attentif lorsque vous vous adressez à lui par le biais de la prière changera et affectera votre parcours sur le chemin de la foi. Votre prière est votre code d'accès au trône de sa gloire. C'est pourquoi vous pouvez dire avec assurance, conformément à 1 Jean 5:14 (LSG) : **« Nous avons auprès de lui cette assurance, que si nous demandons quelque chose selon sa volonté, il nous écoute. »**

En effet, Il vous entend lorsque vous décidez d'entamer une conversation avec lui.

Le thème de la prière est l'un des plus passionnants sur le chemin de la foi, et constitue un soutien essentiel dans la vie du croyant.

En fait, la prière a été une force motrice pour le Christianisme dans chaque génération et saison, un point focal pendant de nombreuses décennies. Quel mystère remarquable ! Génération après génération, elle a produit des généraux dans le ministère de Dieu, qui ont cherché Dieu par un grand engagement, avec une prière efficace. Ils ont maintenu un style de prière exceptionnel et obtenu de grands résultats à la gloire de Dieu. La leçon étonnante qui se cache derrière ces merveilleuses scènes de victoire est que beaucoup d'entre eux ont établi des principes de prière simples mais puissants qui ont justifié leur marche constante et réussie avec le Seigneur notre Dieu chaque jour de leur vie.

Étonnamment, ces personnes sont d'âges et de générations différents, mais elles partagent toutes autant de vérités que nous pouvons encore revendiquer et reproduire aujourd'hui pour une vie de prière plus gratifiante.

Alors, pourquoi devrions-nous publier un autre livre comme celui-ci ? La réponse à cette question se trouve dans le passage du livre du prophète Daniel. Il a écrit sous l'inspiration de l'Esprit de Dieu :

Daniel 12:4 (LSG) : « **Toi, Daniel, tiens secrètes ces paroles, et scelle le livre jusqu'au temps de la fin. Plusieurs alors le liront, et la connaissance augmentera.** »

Comprenons donc que la prière est un mystère, et les profondeurs de Dieu inestimables. En ce sens, qui peut sonder, mesurer et délimiter les grâces inconnues de Sa manifestation ? Grande est l'immensité de sa gloire.

Dieu suscite une nouvelle génération qui désire voir plus de Sa présence dans leur vie. Et ils comprennent que la Parole de Dieu est la source de la connaissance, que la foi en Dieu produit des miracles, et bien d'autres choses encore. Pour vivre une vie victorieuse, les chrétiens dotés de solides valeurs chrétiennes doivent chérir et entretenir un style de vie basé sur la prière.

Le Saint-Esprit est en mouvement et il est impliqué dans la responsabilisation des générations en utilisant de nombreuses approches pour aider les saints à remplir leur mandat. Alors que l'Église se dirige vers l'enlèvement, **la prière est plus que jamais nécessaire. Un sentiment d'urgence devrait nous saisir et nous permettre de renforcer notre capacité de prière afin de devenir plus pertinents à notre époque et plus conscients de ce qui est sur le point de se produire.**

C'est pourquoi ce livre sur la prière est l'expression d'un cœur désireux de connaître Dieu, offrant une nouvelle opportunité de découvrir combien il est possible d'approfondir notre relation avec notre Dieu qui est prêt à écouter nos prières, dont les attributs révèlent sa puissance et sa capacité. Alors que vous continuez à avancer dans votre parcours spirituel et à chercher à en savoir plus sur Lui et sur ce qu'Il peut faire, il devient essentiel d'explorer l'espace disponible pour croître dans la connaissance de Sa personne, et vivre l'expérience de Sa grâce à travers votre interaction avec Lui.

Jérémie 33:3 (LSG) dit : **« Invoque-moi, et je te répondrai ; Je t'annoncerai de grandes choses, des choses cachées, Que tu ne connais pas. »**

La Bible déclare que les choses qui y sont mentionnées sont pour notre instruction, notre enseignement et notre modèle afin que nous ne suivions pas le même chemin destructeur et que nous ne nous éloignions pas de Dieu (1 Corinthiens 10 :11). Au contraire, elles nous permettent d'acquérir la connaissance des principes, de comprendre les promesses et les prophéties à appliquer pour mener une vie réussie, même au milieu des défis qui se présentent sous le soleil.

« Les prières ne meurent pas, elles ne s'effacent pas. Elles survivent au-delà de la vie de ceux qui les ont prononcées. »

« Rien ne se fait bien sans la prière, pour la simple raison qu'elle ne tient pas compte de Dieu. »

« La Parole de Dieu est le point d'appui sur lequel le levier de la prière est placé et par lequel les choses bougent puissamment. » E.M. Bounds

Un chrétien engagé doit continuellement veiller sur sa propre vie de prière, en comprenant que la prière va au-delà de la simple pratique religieuse peut affecter des générations ; elle devient un style de vie. **Transformez votre vie de prière d'une réaction d'urgence en un véritable modus operandi tout au long de votre vie ; vous devez cultiver et soutenir votre ministère de la prière.**

Dans le Nouveau Testament, Jésus révèle que notre Dieu Père est un grand auditeur attentif et qu'il répond aux prières. Écoutez-le prier dans Jean 11:42 (LSG) : **« Pour moi, je savais que tu m'exauces toujours ; mais j'ai parlé à cause de la foule qui m'entoure, afin qu'ils croient que c'est toi qui m'as envoyé. »**

Un chrétien qui prie est désireux de prier ; il croit que le Père l'entend lorsqu'il prie (Psaumes 65:2).

Laissez ce livre enflammer votre vie de prière et vous rapprocher de Lui avec une grande assurance.

PARTIE I

Psaumes 94:9 (LSG) : **« Celui qui a planté l'oreille n'entendrait-il pas ? Celui qui a formé l'œil ne verrait-il pas ? »**

« Il s'agit là d'un mode d'argumentation irréfutable. Tout ce que l'on trouve d'excellent dans la créature doit provenir du Créateur et existe en lui dans la plénitude d'une excellence infinie. »

Commentaire d'Adam Clarke sur la Bible

I.

L'APPROCHER COMME UN PÈRE

Dieu est notre Père. Notre relation est suffisamment sûre pour que nous puissions lui faire confiance et nous approcher de lui sans crainte. Malheureusement, de nombreux croyants s'approchent de Dieu avec un sentiment de servitude et de culpabilité. **La vie de notre Seigneur Jésus-Christ est la manifestation du caractère paternel de Dieu** : « Laissez venir à moi les petits enfants », « ou priez le Père ». Jésus est la véritable expression du Père invisible.

Matthieu 6:9-13 (LSG) : **« Voici donc comment vous devez prier : Notre Père qui est aux cieux ! Que ton nom soit sanctifié ; que ton règne vienne ; que ta volonté soit faite sur la terre comme au ciel. Donne-nous aujourd'hui notre pain quotidien ; pardonne-nous nos offenses, comme nous aussi nous pardonnons à ceux qui nous ont offensés ; ne nous induis pas en tentation, mais délivre-nous du malin. Car c'est à toi qu'appartiennent,**

dans tous les siècles, le règne, la puissance et la gloire. Amen ! »

Le Seigneur Jésus nous a enseigné à prier en utilisant cette formule. Lorsque vous commencez à prier, priez ainsi : notre Père (Abba en hébreu, signifiant source, défenseur, soutien). Il est nécessaire de courir vers Lui et de le prier en ayant connaissance de la révélation du Père.

En effet, Il est la source de tout, et l'une de ses principales caractéristiques est d'être un 'DONATEUR'.

Dieu n'est pas un enfant adulte. Il est un Père qui nous a donné son propre fils, Jésus. Jésus a merveilleusement décrit le père terrestre comme étant méchant, mais même lui, malgré ses imperfections, donne toujours quelque chose de bon à ses enfants. À combien plus forte raison notre Père céleste, riche en amour, ne nous donnera-t-Il pas tout ce que nous lui demanderons selon sa volonté ? Approchons-nous donc de Dieu avec une grande assurance, comprenant qu'Il est un pourvoyeur qui n'a pas hésité à donner Jésus-Christ pour nous, librement.

Levez les yeux et contemplez la capacité de Dieu à écouter ce que vous dites. En effet, il est le plus grand auditeur que vous rencontrerez tout au long de votre expérience ici-bas. Voyez à quel point ses attributs sont puissants, nous permettant de renforcer notre compréhension de sa nature divine afin que nous puissions élever notre vie de prière à un niveau de conscience profonde en lui, l'Auteur et le Consommateur de notre foi. Préparez-vous à révolutionner chacune de vos occasions de prier afin qu'elles portent les fruits d'un résultat anticipé !

LE PÈRE QUI ÉCOUTE

Dieu entend et est prêt à répondre ; il suffit de demander selon sa volonté et de l'attendre sur la bonne voie, qui est celle de la prière.

En tant que notre Père, Dieu nous réserve de bonnes choses : « comme il est écrit, ce sont des choses que l'œil n'a point vues, que l'oreille n'a point entendues, et qui ne sont point montées au cœur de l'homme, des choses que Dieu a préparées pour ceux qui l'aiment » (1 Corinthiens 2 :9).

Romains 8:15-16 (LSG) : **« Et vous n'avez point reçu un esprit de servitude, pour être encore dans la crainte ; mais vous avez reçu un Esprit d'adoption, par lequel nous crions : Abba ! Père ! L'Esprit lui-même rend témoignage à notre esprit que nous sommes enfants de Dieu. »**

Dans notre marche sur terre, nous avons été dotés d'une merveilleuse plateforme spirituelle qui nous permet de rester en contact et de communiquer avec le Créateur, Dieu le Père, qui est la source de tout. Cette plateforme est la prière.

Dans la langue hébraïque, il existe de nombreux mots qui signifient « prière ». Nous les découvrirons au fur et à mesure que nous avancerons dans ce livre. En général, la prière est traduite par « PALA » en hébreu, ce qui signifie s'interposer, divertir ou dialoguer. En effet, elle est un moyen de communication fiable qui relie l'homme sur terre à Dieu dans les cieux.

Dieu se réjouit d'être en communion et en communication avec les êtres humains.

La communication est la clé de toute relation et de toute amitié. Les individus sont bien notés en fonction de leur capacité à communiquer efficacement avec les autres, que ce soit dans le cadre personnel, professionnel ou social. De la vie de couple à la dynamique familiale, de la gestion locale à la gouvernance nationale, la communication est essentielle à une relation saine. Cependant, il est crucial de noter que Dieu accorde une importance primordiale à sa communication avec nous.

L'auteur du livre de la Genèse illustre cette vérité à travers un échange dans le jardin d'Eden.

Genèse 3:8-10 (LSG) : « **Alors ils entendirent la voix de l'Éternel Dieu, qui parcourait le jardin vers le soir, et l'homme et sa femme se cachèrent loin de la face de l'Éternel Dieu, au milieu des arbres du jardin. Mais l'Éternel Dieu appela l'homme, et lui dit : Où es-tu**

Il répondit : J'ai entendu ta voix dans le jardin, et j'ai eu peur, parce que je suis nu, et je me suis caché. »

Dieu était heureux d'être en communication permanente avec les humains jusqu'à ce qu'ils rencontrent le serpent dans le jardin et que tout s'écroule. À partir de ce jour, Dieu s'est tu, ce qui signifie que la communication a été interrompue. Ensuite, il a fallu de nombreuses années, jusqu'à la naissance d'Énoch fils de Seth, pour que les gens commencent à invoquer Dieu.

Genèse 4:25-26 (LSG) : **« Adam connut encore sa femme ; elle enfanta un fils, et l'appela du nom de Seth, car, dit-elle, Dieu m'a donné un autre fils à la place d'Abel, que Caïn a tué. Seth eut aussi un fils, et il l'appela du nom d'Énoch. C'est alors que l'on commença à invoquer le nom de l'Éternel. »**

En ce temps-là, les hommes commencèrent à invoquer le nom de l'Éternel.

À partir de ce moment, l'homme a retrouvé et renouvelé son désir sincère de converser et de s'appuyer sur son Créateur, retrouvant ainsi les fondements enseignés par Dieu dans l'Eden. Il se souvint de l'importance de Dieu dans sa marche sur la terre.

Le mot « invoquer » vient du grec « epikaleomai » (επικαλέομαι), qui signifie « prier » ou « invoquer ». Il est traduit en anglais par :

- Demander, solliciter l'aide de quelqu'un, en particulier d'un dieu, quand on veut améliorer une situation.

Psaumes 138 :3 (LSG) : **« Le jour où je t'ai invoqué, tu m'as exaucé, Tu m'as rassuré, tu as fortifié mon âme. »**

- Faire ressentir à quelqu'un un sentiment particulier ou lui rappeler quelque chose.

Psaume 57 :3 (LSG) : **« Je crie au Dieu Très-Haut, Au Dieu qui agit en ma faveur. »**

- Faire appel à ou invoquer l'autorité.

Néhémie 2 :5 (LSG) **: « et je répondis au roi : Si le roi le trouve bon, et si ton serviteur lui est agréable, envoie-moi en Juda, vers la ville des sépulcres de mes pères, pour que je la rebâtisse. »**

- Faire appel avec un désir ardent ; faire des supplications ou prier pour : invoquer la miséricorde de Dieu.

2 Sam 14:11-12 (LSG) **: « Elle dit : Que le roi se souvienne de l'Éternel, ton Dieu, afin que le vengeur du sang n'augmente pas la ruine, et qu'on ne détruise pas mon fils ! Et il dit : L'Éternel est vivant ! il ne tombera pas à terre un cheveu de ton fils. La femme dit : Permets que ta servante dise un mot à mon seigneur le roi. Et il dit : Parle ! »**

Jésus a fait preuve d'un excellent sens de la communication lorsqu'il a répondu à la question des disciples :

''Apprends-nous à prier.'' Il a guidé leur compréhension et décrit la disposition de la prière à être adressée au Père de la manière la plus claire et la plus simple, rendant ainsi notre conversation ou notre communication attrayante. Son but était de capter le cœur du Père et de rendre nos interactions avec lui pertinentes et fructueuses. En d'autres termes, il a expliqué que le manque de réponse ou d'intérêt du Père pouvait être attribué à une communication insuffisante ou inadéquate.

S'approcher de Dieu avec audace et confiance, et comprendre qu'il écoute et prend plaisir à ce que vous lui parliez, changera votre perception de la prière.

En hébreu, écouter (entendre) se dit **« shama »**. Cela signifie écouter attentivement la demande de quelqu'un et lui donner une réponse.

Dans la situation d'Agar, la concubine d'Abraham qui avait fui dans le désert à cause de la maltraitance de sa maîtresse Sarah, l'ange du Seigneur lui est apparu et lui a demandé de retourner auprès de sa maîtresse parce que Dieu avait entendu les cris de l'enfant Ismaël, depuis le désert où elle errait. L'ange lui promit qu'elle donnerait un fils à Abram et qu'elle l'appellerait Ismaël, c'est-à-dire « le Dieu qui entend quand je crie ». (Genèse 27:15-20)

Genèse 16:15-16 (LSG) : **« Agar enfanta un fils à Abram ; et Abram donna le nom d'Ismaël au fils qu'Agar lui enfanta. Abram était âgé de quatre-vingt-six ans lorsqu'Agar enfanta Ismaël à Abram. »**

Jésus-Christ a également mentionné le Dieu qui entend toujours quand nous prions.

Jean 11:40-43 (LSG) : **« Jésus lui dit : Ne t'ai-je pas dit que, si tu crois, tu verras la gloire de Dieu ? Ils ôtèrent donc la pierre. Et Jésus leva les yeux en haut, et dit : Père, je te rends grâces de ce que tu m'as exaucé. Pour moi, je savais que tu m'exauces toujours ; mais j'ai parlé à cause de la foule qui m'entoure, afin qu'ils croient que c'est toi qui m'as envoyé. Ayant dit cela, il cria d'une voix forte : Lazare, sors ! »**

Le prophète Esaïe a déclaré qu'il y a un Dieu qui entend, et que ses oreilles ne sont pas dures pour entendre (Esaïe 59 : 1-2).

Esaïe 65 :24 (LSG) : **« Avant qu'ils m'invoquent, je répondrai ; Avant qu'ils aient cessé de parler, j'exaucerai. »**

Le psalmiste avait compris qu'il s'adressait à un Dieu qui entend et réagit à ses paroles.

Psaumes 4:2 (LSG) : **« … Quand je crie, réponds-moi, Dieu de ma justice ! Quand je suis dans la détresse, sauve-moi ! Aie pitié de moi, écoute ma prière ! »**

Le moment de la manifestation fait partie de la juridiction de Dieu.

Bien que le Père nous entende, il est à noter que lorsqu'il s'agit de répondre à nos prières tôt ou tard dans le sens de la manifestation, chaque retour se produit au temps de Dieu, confirmant ainsi sa souveraineté.

Quand les chrétiens prient, ils vivent dans l'attente d'une réponse au moment qui leur convient le mieux, qui peut ne pas être le meilleur moment ni le meilleur moyen pour Dieu.

L'exaucement des requêtes portées à la connaissance de Dieu peut être perçu comme bon et pour la gloire de Dieu ; ce qui est une preuve de l'omniscience, de l'omniprésence et de l'entière suffisance de Dieu, qui peut entendre les prières de son peuple en même temps et en tout lieu. Dieu connaît en détail tous leurs besoins personnels et intimes, et ce qui peut leur convenir.

Dieu sait écouter. Il est particulièrement attentif à ce qu'on lui dit. En fait, Dieu se situe bien au-dessus de ce que nous pouvons imaginer. Comme nous le savons tous, les personnes qui savent écouter sont très appréciées ; l'écoute fait partie des compétences de premier ordre requises pour tout dirigeant.

Malachie 3:16 (LSG) : **« Alors ceux qui craignent l'Éternel se parlèrent l'un à l'autre ; L'Éternel fut attentif, et il écouta ; Et un livre de souvenir fut écrit devant lui Pour ceux qui craignent l'Éternel Et qui honorent son nom. »**

Dans le passage précédent, il est souligné que tandis que ceux qui le craignaient s'interrogeaient sur leur situation par rapport aux injustes, Dieu les avait entendus parler.

En fait, je crois que Dieu était attentif aux paroles de leur bouche, et qu'il avait par la suite décidé d'intervenir.

Un bon auditeur est apprécié pour :

- **Sa capacité à se concentrer** pleinement sur ce que dit l'orateur et à s'intéresser à ses idées de manière réfléchie et approfondie.

- **Sa capacité à ne pas se contenter d'apprendre** ce que dit quelqu'un, mais à s'engager à digérer l'information présentée et à y répondre de manière constructive.

- **Sa capacité à ne pas se contenter d'écouter le son des mots**, mais à être conscient de la dynamique des sentiments, des émotions et des intentions impliqués dans la conversation. Écouter avec l'esprit et le cœur.

- **Pour être un auditeur efficace, vous devez d'abord vous mettre à l'écoute de la fréquence de l'orateur** (vous mettre à sa place), de manière à transmettre le message suivant : « Je vous écoute, je suis intéressé, vous avez toute mon attention, oui, continuez ».

Imaginez la puissance de votre relation avec le Dieu tout-puissant, qui vibre certainement dans la gamme de fréquences des mots que vous prononcez pendant votre séance de prière. **Non seulement Dieu remplit toutes les conditions ci-dessus, mais il va au-delà de ce qu'un esprit humain peut décrire comme la plus grande capacité d'écoute.**

La plupart des livres sur la prière se concentrent sur la manière de prier, sur les personnes à qui prier, et non sur la compréhension des secrets de Dieu, le « Dieu qui entend les prières ». 1 Jean 5:14 (LSG) : **« Nous avons auprès de lui cette assurance, que si nous demandons quelque chose selon sa volonté, il nous écoute. »**

Le plus souvent, nous sommes constamment dominés par l'esprit de doute, nous demandant à longueur de journée s'Il nous entend ou s'Il entend notre conversation. Dans les Écritures, il y a tant d'exemples de personnes qui ont réagi de la même manière. Les paroles du roi David ci-dessous montrent qu'il avait les mêmes craintes.

Psaume 22:1-2 (LSG) : **« Au chef des chantres. Sur Biche de l'aurore. Psaume de David. Mon Dieu ! mon Dieu ! pourquoi m'as-tu abandonné, Et t'éloignes-tu sans me secourir, sans écouter mes plaintes. Mon Dieu ! je crie le jour, et tu ne réponds pas ; La nuit, et je n'ai point de repos. »**

« Dieu entend vos prières » implique simplement que Dieu attend que vous dialoguiez avec Lui, que vous Lui fassiez une demande, que vous entamiez une conversation, et qu'Il est déjà en mesure de vous fournir une réponse ; en d'autres termes, votre demande non exprimée a déjà une réponse préétablie dans l'économie du Royaume de Dieu.

Pas étonnant qu'Élie, un homme comme vous et moi, ait prié. En fait, je suis convaincu qu'Élie a eu une révélation sur la prière qui lui a donné l'assurance, ou une compréhension profonde de ce que la prière peut faire si vous suivez le protocole du Royaume, en priant Dieu le Père. Il savait donc que s'il priait constamment, le Seigneur des armées qui habite au milieu des louanges l'entendrait et répondrait à sa demande en temps voulu.

Il entend les hommes, et toute chair viendra à lui.

Le mot **« entendre »** vient du grec **« Akouo »** souvent utilisé dans les Écritures et signifiant « non seulement entendre mais répondre et obéir ».

Nous sommes encouragés par la disponibilité de Dieu avant même que nous nous adressions à lui. Venons à lui hardiment et sans crainte ; nous sommes des hommes et des femmes de toutes les nations, de différents rangs de la société, de différentes conditions et circonstances ; il n'y a pas de barrières ou de frontières pour accéder au trône de la grâce. En fait, vous pouvez passer par Jésus, le Médiateur, qui a ouvert la voie pour que quiconque se tourne vers lui dans la repentance, et, le cœur véritablement brisé, devienne un enfant de Dieu et un citoyen du Royaume.

Zacharie 8:21-23 (LSG) : **« Les habitants d'une ville iront à l'autre, en disant : Allons implorer l'Éternel et chercher l'Éternel des armées ! Nous irons aussi ! Et beaucoup de peuples et de nombreuses nations vien-**

dront chercher l'Éternel des armées à Jérusalem et implorer l'Éternel. Ainsi parle l'Éternel des armées : En ces jours-là, dix hommes de toutes les langues des nations saisiront un Juif par le pan de son vêtement et diront : Nous irons avec vous, car nous avons appris que Dieu est avec vous. »**

Aujourd'hui plus que jamais, allons vers lui et implorons-le aussi, car chaque fois qu'Israël implorait Dieu dans la prière, Dieu se tournait vers Son peuple et manifestait sa Puissance qui étonnait les nations des environs.

L'apôtre Jean renchérit dans la portion des écritures qui suit :

« Nous avons auprès de lui cette assurance, que si nous demandons quelque chose selon sa volonté, il nous écoute. Et si nous savons qu'il nous écoute, quelque chose que nous demandions, nous savons que nous possédons la chose que nous lui avons demandée. » (1 Jean 5:14-15).

Ô combien révélateur est ce verset qui dit que « si nous demandons à notre Père céleste quoi que ce soit selon sa volonté, Il nous écoute. »

Ainsi, lorsque nous avons prié pour que nos proches soient sauvés, qu'ils connaissent le Seigneur et son amour, lorsque nous avons prié pour que les mariages soient restaurés, lorsque nous avons prié pour que nos frères et sœurs captifs du monde des ténèbres soient libérés de leurs liens, ou lorsque nous avons prié pour des guérisons et des miracles au nom de Jésus, tout cela conformément aux promesses et aux plans du Seigneur, n'est-il pas clair que le Seigneur nous a entendus ?

Pourtant, n'avons-nous pas vécu des expériences décevantes où il semble que les réponses à nos prières ne se soient pas encore concrétisées et où notre esprit se demande si le Seigneur nous a entendus ? Que s'est-il passé ? Avons-nous loupé quelque chose ?

Bien-aimé, lorsque nous nous confions en lui, nous le faisons de tout notre cœur, sachant que le Seigneur sait ce qu'Il fait dans sa volonté souveraine et en son temps. Mais lorsque les désirs pressants de nos cœurs essaient de se camoufler en Sa volonté, nous devons réévaluer nos prières. Lorsque nous comprendrons que les voies du Seigneur ne sont pas nos voies et que ses pensées ne sont pas nos pensées, nous apprendrons à prier comme notre Seigneur Jésus l'a fait dans le jardin de Gethsémané : **« …éloigner de moi cette coupe ! Toutefois, que ma volonté ne se fasse pas, mais la tienne. »** (Luc 22:42).

Nous servons un Dieu vivant et nous ne comprenons qu'aucune de nos prières sincères ne se volatilisera. Il est El-Shama, notre Dieu qui nous entend lorsque nous l'appelons. Ayons toujours l'assurance et l'audace qu'il nous a déjà entendus avant même que nous lui fassions part de nos besoins.

S'approcher de Dieu avec assurance et comprendre que Dieu entend et se réjouit d'entendre notre prière exercera une influence profonde et durable sur notre marche avec Dieu et, plus encore, sur notre intimité avec Lui.

Changer notre façon de prier est la clé d'une vie de prière durable et la garantie de triompher des défis de la vie. Grâce à la confiance que nous avons en Abba. Psaumes 66:17-20 (LSG) : **« J'ai crié à lui de ma bouche, Et la louange a été sur ma langue. Si j'avais conçu l'iniquité dans mon cœur, Le Seigneur ne m'aurait pas exaucé. Mais Dieu m'a exaucé, Il a été attentif à la voix de ma prière. Béni soit Dieu, Qui n'a pas rejeté ma prière, Et qui ne m'a pas retiré sa bonté ! »**

II.

LES ATTRIBUTS EXCLUSIFS DE DIEU

Les Écritures nous éclairent sur l'identité de Dieu. Plus nous nous appuyons sur la Parole, plus nous le connaissons et voulons apprendre de lui, de son caractère, de ses attributs, qui se reflètent dans notre vie personnelle et affectent notre être tout entier.

Cela a été facilité par Jésus-Christ, qui est intervenu et a scellé la réconciliation qui a restauré notre relation avec le Père, influençant notre perception de Dieu au point de stimuler notre vie de prière. Jésus nous a fait connaître Dieu d'une manière simple : « Celui qui m'a vu a vu le Père. » Jean 14:9 (LSG)

Jean 5:38-39, Jean 14:9 (LSG) : **« et sa parole ne demeure point en vous, parce que vous ne croyez pas à celui qu'il a envoyé. Vous sondez les Écritures, parce que vous pensez avoir en elles la vie éternelle : ce sont elles qui rendent témoignage de moi. Aussitôt cet**

homme fut guéri ; il prit son lit, et marcha. C'était un jour de sabbat. »

Quelle serait l'efficacité de notre vie de prière si nous découvrions et prenions conscience des attributs d'un Dieu merveilleux ? Grâce au ministère de la Parole de Dieu, un moyen puissant par lequel nous apprenons des vérités plus profondes qui mettent en évidence ces attributs.

Arrêtez-vous et réfléchissez-y ! Vous serez enthousiaste à l'idée d'en apprendre davantage sur les attributs de Dieu, ce qui ajoutera des ingrédients doux et agréables à votre amour pour la prière et pour Celui à qui vous adressez vos prières.

Les juifs connaissaient et connaissent encore ces attributs. Et lorsqu'ils l'invoquent dans une circonstance particulière, ils le comprennent et s'adressent à lui en conséquence. Ils sont convaincus que Dieu agira selon les attributs qui lui ont donné le pouvoir de se manifester. J'explique cette vérité en utilisant le langage humain.

Dieu a des attributs étonnants : Que signifient-ils et pourquoi est-il important de les connaître ? Quels sont les attributs de Dieu ?

Lorsque nous parlons des attributs de Dieu, nous essayons de répondre à des questions telles que : qui est Dieu ? À quoi ressemble Dieu ? et Quel genre de Dieu est-Il ?

Un attribut de Dieu est quelque chose de vrai à son sujet. Bien qu'il nous soit impossible, en tant qu'être limités, de comprendre pleinement qui est Dieu, Dieu se fait connaître de diverses manières et grâce à ce qu'il révèle de lui-même dans sa Parole et dans sa création. À travers cela, nous pouvons commencer à nous faire une idée de notre Créateur et de notre Dieu, qui est impressionnant.

Dieu ne ressemble à rien ni à personne que nous puissions connaître ou imaginer. Il est unique et sans comparaison. Même en le décrivant avec des mots simples, nous ne parvenons pas à saisir ce qu'Il est - nos mots ne peuvent tout simplement pas rendre justice à notre Dieu saint.

Néanmoins, Dieu possède des attributs que nous pouvons connaître, même si ce n'est qu'en partie, et Il nous a donné sa Parole comme lumière pour nous éclairer.

Tout au long de ce chapitre, nous avons rassemblé quelques-uns des attributs de Dieu ; ils sont regroupés en deux catégories : La première catégorie est ce que certains théologiens appellent « exclusive » (c'est-à-dire des qualités que Dieu seul possède et qui lui sont réservées), et la deuxième catégorie est « inclusive » (c'est-à-dire des qualités que Dieu et nous possédons, mais que lui seul possède parfaitement).

1. Existence autonome

Ce terme décrit une entité éternelle dont l'existence n'est pas limitée par la succession dans le temps. Dieu est auto-existant et infini, et nous ne pouvons pas retracer son origine.

Psaumes 90:2 (LSG) : **« Avant que les montagnes fussent nées, Et que tu eusses créé la terre et le monde, D'éternité en éternité tu es Dieu. »**

Colossiens 1:17 (LSG) : **« Il est avant toutes choses, et toutes choses subsistent en lui. »**

Ces passages des Écritures confirment que Dieu existe par lui-même. En d'autres termes, Il n'a été créé par rien de ce que vous pouvez imaginer et a existé depuis toujours.

Psaume 147:5 (LSG) : **« Notre Seigneur est grand, puissant par sa force, Son intelligence n'a point de limite. »**

Il est difficile pour un homme ordinaire, dans ses limites, de comprendre la nature de notre Dieu sans limites.

Dans la version King James par exemple, le nom « Seigneur Dieu » est la traduction anglaise de « Jéhovah », qui est utilisé 6 800 fois dans les Écritures. Ce nom révèle la souveraineté, la force et la bonté de Dieu. L'attribut de « l'existence propre » fait référence à « Celui qui n'a jamais existé auparavant et qui sera toujours présent. »

Quelle bénédiction de comprendre que nous appartenons à un Dieu qui existe par lui-même et qui nous a créés à son image et à sa ressemblance, tandis que tout ce qui n'a jamais existé a été créé par lui.

2. Omnipotence

L'omnipotence se définit comme la qualité d'un pouvoir illimité ou très grand. Dieu est Omnipotent. Il est tout-puissant, puissant dans sa totalité, au ciel et sur la terre.

Matthieu 28 :18 (LSG) : **« Jésus, s'étant approché, leur parla ainsi : Tout pouvoir m'a été donné dans le ciel et sur la terre. »**

Psaume 33:6 (LSG) : **« Les cieux ont été faits par la parole de l'Éternel, Et toute leur armée par le souffle de sa bouche. »**

Tout pouvoir est du ressort de Dieu, qui est lui-même le Tout-Puissant. L'esprit humain n'a aucune limite pour décrire l'étendue de ce pouvoir ; il est tout simplement illimité. Il est impossible à l'homme de décrire ce mystère.

Le mot « Omnipotent » est une combinaison de deux mots : « omni » signifie tout, et « potent » signifie puissant. Omnipotent signifie simplement posséder un pouvoir illimité. Il n'est pas étonnant que l'apôtre Paul dise :

« Or, à celui qui peut faire, par la puissance qui agit en nous, infiniment au-delà de tout ce que nous de-

mandons ou pensons, » (Éphésiens 3:20) », ou **« ...Rien n'est étonnant de ta part. »** (Jérémie 32:17), La Parole de Dieu le dit clairement : **« Qui est ce roi de gloire ? - L'Éternel fort et puissant, L'Éternel puissant dans les combats. »** (Psaume 24 :8)

Il s'adressa à Job en disant :

« Où étais-tu quand je fondais la terre ? Dis-le, si tu as de l'intelligence. Qui en a fixé les dimensions, le sais-tu ? Ou qui a étendu sur elle le cordeau ? Sur quoi ses bases sont-elles appuyées ? Ou qui en a posé la pierre angulaire, Alors que les étoiles du matin éclataient en chants d'allégresse, Et que tous les fils de Dieu poussaient des cris de joie ? Qui a fermé la mer avec des portes, Quand elle s'élança du sein maternel ; Quand je fis de la nuée son vêtement, Et de l'obscurité ses langes ; » Job 38:4-9 (LSG)

Qui peut s'opposer à Dieu ?

Ce qui est étonnant, c'est que les décisions de Dieu dans n'importe quelle situation seront toujours cohérentes avec son caractère, et qu'Il conserve tout le pouvoir d'exécuter les plans qu'Il veut déployer dans n'importe quel homme ou sur la terre.

La puissance de Dieu peut vous effrayer lorsque vous lisez les Écritures ; détendez-vous et réalisez qu'Il est cohérent dans tout ce qu'Il fait. La seule exception est que le péché ne peut être toléré sous son regard. L'auteur de Hébreux 6:18 (LSG) dépeint cette situation réelle de la manière suivante : **« Afin que par deux choses immuables, dans lesquelles il est impossible que Dieu trompe, nous ayons une ferme consolation, nous qui avons notre refuge à obtenir [l'accomplissement de] l'espérance qui nous est proposée ; »** Dieu ne peut pas se contredire.

3. Inaltérabilité ou Immutabilité

Cette expression signifie qu'il n'y a aucune possibilité de changement en lui ; en fait, Dieu est immuable. Tout en lui reste constant, et il n'y a pas de variation. Jacques 1:17 (LSG) : **« Toute grâce excellente et tout don parfait descendent d'en haut, du Père des lumières, chez lequel il n'y a ni changement ni ombre de variation. »**

Parlant du conseil de Dieu, ses plans et ses projets sont aussi immuables que lui-même.

Selon la Bible de Cambridge pour les écoles et les collèges : **« Dieu ne change pas ses promesses et ses objectifs de grâce »** (Romains 11:29) ; quelles que soient les voies rebelles prises par son peuple (les Israélites), ils ont toujours été préservés.

Malachie 3:6 (LSG) : **« Car je suis l'Éternel, je ne change pas ; Et vous, enfants de Jacob, vous n'avez pas été consumés. »**

Dieu ne change pas, il n'y a pas de variation en lui. Il n'a pas changé dans le passé, au moment présent, Il ne change pas et ne changera pas demain, Il reste le même pour les siècles des siècles, depuis le début des temps jusqu'à l'éternité infinie.

Il est le seul à avoir un caractère qui ne change jamais ; il n'y a aucune chance que Dieu devienne pire ou meilleur qu'hier. L'architecture de ses pensées ne change pas. Ce qu'Il a promis par sa Parole demeure inchangé quels que soient le temps et les circonstances. Il est toujours constant.

Vous comprenez maintenant qu'il faut lui faire confiance, c'est-à-dire faire confiance au résultat qu'Il est capable d'obtenir lorsque vous priez.

Avec cet aspect de la nature divine et immuable de Dieu, nous comprenons que son répertoire de desseins et de promesses ne change pas ; nous pouvons hardiment, par notre foi en lui, nous reposer sur lui lorsque nous prions, en dépit de nos propres fluctuations et de nos péchés. Quelle incroyable assurance pour le croyant de posséder cette pensée fondamentale d'un Dieu immuable !

Il vaut la peine de s'appuyer sur Dieu en toutes choses et en toutes circonstances.

Notre confiance en Dieu nous donne l'assurance qu'Il ne changera jamais, qu'il ne peut pas changer. Nous voyons que ses promesses sont inattaquables, que ses desseins pour nos vies sont inébranlables.

4. Le Dieu de l'omniscience est omniscient.

Il sait tout.

Ésaïe 46:9-10 (MAR) : **« Souvenez-vous des premières choses [qui ont été] autrefois : car c'est moi qui suis le [Dieu Fort], et il n'y a point d'autre Dieu, et il n'y a rien qui soit semblable à moi. Qui déclare dès le commencement la fin, et longtemps auparavant les choses qui n'ont point encore été faites ; qui dis ; Mon conseil tiendra, et je mettrai en exécution tout mon bon plaisir. »**

Il est conscient de chaque instant, de chaque jour de votre existence, jamais Il ne sommeille ni de dort. Ce qui est passionnant, c'est qu'Il peut intervenir n'importe où, n'importe quand. Il connaît le chemin de notre vie et Il est toujours avec nous. Il n'y a pas un seul endroit sur cette terre où nous pouvons nous trouver que Dieu ne voit pas et dont Il n'est pas conscient.

Le fait que Dieu soit omniscient nous permet de croire qu'Il sait tout, du début à la fin, y compris ce que nous vivons aujourd'hui et tout ce que nous vivrons demain.

Lorsque nous méditons sur cette vérité à travers le miroir de ses autres attributs tels que l'amour et la bonté, nous obtenons la véritable image de la confiance que nous avons en lui, des choses les plus importantes aux choses les plus banales et les plus insignifiantes de notre vie.

5. Le Dieu de l'omniprésence est omniprésent.

Il est partout, en permanence et à tout moment. Il est essentiel de comprendre qu'il y a une différence entre Dieu « étant » à un endroit et « nous étant à un endroit ». Le concept de « l'être de Dieu" est tout à fait différent du domaine physique », comme l'explique le site web Ligonier.org.

Jérémie 23:23-24 (LSG) : **« Ne suis-je un Dieu que de près, dit l'Éternel, Et ne suis-je pas aussi un Dieu de loin ? Quelqu'un se tiendra-t-il dans un lieu caché, Sans que je le voie ? dit l'Éternel. Ne remplis-je pas, moi, les cieux et la terre ? dit l'Éternel. »**

Psaume 139:7-10 (LSG) : **« Où irais-je loin de ton Esprit ? Où fuirais-je ta présence ? Si je monte au ciel, tu y es ! Si je fais mon lit dans le séjour des morts, tu es là ! Si je prends les ailes de l'aurore et que j'habite aux confins de la mer, là aussi ta main me conduira, et ta droite me retiendra. »**

Le psalmiste affirme l'omniprésence de Dieu.

Cela apporte un profond réconfort aux chrétiens qui luttent contre la solitude et le chagrin. Cultivons la connaissance de Dieu qui est toujours présent, et nous ne serons jamais seuls, quoi qu'il arrive.

6. Le Dieu de l'autosuffisance.

Il se suffit à lui-même et n'a aucun besoin.

Jean 5:26 (LSG) : **« Car, comme le Père a la vie en lui-même, ainsi il a donné au Fils d'avoir la vie en lui-même. »**

L'autosuffisance de Dieu signifie qu'Il « possède en lui-même des richesses infinies de sagesse, d'être, de bonté et de puissance (Jean 5:26 ; Éphésiens 3:16). Car Il a le pouvoir sur ces richesses incommensurables dans la perfection ultime de la connaissance et de l'amour du Père, du Fils et du Saint-Esprit.

Quant aux humains limités, ils ont des besoins fondamentaux qui, s'ils ne sont pas satisfaits, peuvent entraîner la mort. Dieu, en revanche, n'a jamais eu besoin de rien.

Étant donné l'autosuffisance de Dieu, nous pouvons accroître notre audace et décider de venir à lui avec un profond désir de voir tous nos besoins satisfaits. Rappelez-vous la citation de Paul dans Éphésiens 3:20 : **« Or, à celui qui peut faire, par la puissance qui agit en nous, infiniment au-delà de tout ce que nous demandons ou pensons. »**

Aucun de ses enfants n'aura à craindre que son puits inépuisable de grâce, de bonté, de miséricorde et de bienveillance ne tarisse.

III.

LES ATTRIBUTS INCLUSIFS DE DIEU

Dieu a dit dans la Genèse 1:26-27 (LSG) **: « Faisons l'homme à notre image, selon notre ressemblance. »** Le deuxième groupe d'attributs est dit inclusif, impliquant l'absence de discrimination envers un groupe particulier ; ils se retrouvent chez Dieu et chez l'homme de manière égale.

1. Le Dieu de la fidélité est véritablement fidèle. Sa fidélité est infinie et immuable.

Le mot hébreu traduit par « fidélité » signifie « constance, fidélité, persévérance. » Le contraire de la fidélité est l'inconstance ou la versatilité.

Le Psaume 119:89-90 dit : **« À toujours, ô Éternel ! Ta parole subsiste dans les cieux. De génération en génération ta fidélité subsiste ; Tu as fondé la terre, et elle demeure ferme. »** Ici, la fidélité est assimilée à la Parole de Dieu. **« Si nous sommes infidèles, lui reste fidèle, car il ne peut se renier lui-même. »** 2 Timothée 2:13 (LSG)

« Sache donc que c'est l'Éternel, ton Dieu, qui est Dieu. Ce Dieu fidèle garde son alliance et sa miséricorde jusqu'à la millième génération envers ceux qui l'aiment et qui observent ses commandements. » Deutéronome 7:9 (LSG)

Cela soulève toutefois la question de savoir ce que signifie la fidélité de Dieu par rapport à son alliance. Dieu a promis une grande bénédiction aux Israélites (Gen. 12:1-3) et, sous l'ancienne alliance, les Juifs ont donc à juste titre assimilé la fidélité divine à la bénédiction qu'il leur a accordée.

Vous devez comprendre que tous les attributs de Dieu ne sont pas des caractéristiques isolées, mais plutôt des parties interconnectées de sa nature parfaite. Il n'est pas surprenant que l'apôtre Jean ait écrit : **« C'est la confiance que nous avons en lui. »** 1 Jean 5:14 (LSG)

Tous ses attributs sont liés les uns aux autres ; sa fidélité ne peut être comprise en dehors de son immutabilité. Ainsi, lorsque nous méditons et étudions attentivement la Parole, nous découvrons que Dieu reste fidèle quoi qu'il arrive, car Il ne peut se renier lui-même. Le fait qu'Il soit immuable signifie qu'Il ne peut jamais manquer d'être fidèle.

La Parole de la Promesse est certaine. Dans toutes ses relations avec son peuple, Dieu est fidèle. On peut se fier à lui en toute sécurité. Personne ne lui a jamais fait confiance en vain. Nous trouvons cette précieuse vérité exprimée quasiment partout dans la Parole, car son peuple a besoin de savoir que la fidélité est une partie essentielle du caractère divin. Elle est le fondement de notre confiance en lui.

Le fait que Dieu soit immuable et infiniment fidèle signifie qu'Il n'oublie jamais rien, qu'Il ne change jamais d'avis, qu'Il ne revient jamais sur une promesse et qu'Il ne manque jamais de faire ce qu'Il a entrepris. Comprenez que sa fidélité découle de son amour, comme l'affirme Paul dans la Parole : **« Dieu œuvre en toutes choses pour le bien de ceux qui l'aiment. »** (Romains 8:28) Bien sûr, nous ne voyons pas et ne comprenons pas toujours à quel point son plan est fidèle.

En fait, il n'est pas si simple pour l'homme d'admettre la fidélité de Dieu quand un Dieu fidèle permet à ses enfants de mourir, de souffrir, d'avoir mal. Dans notre compréhension limitée et nos esprits fermés, la fidélité de Dieu peut ressembler à un abandon. Dans ces moments-là, nous pouvons nous réconforter en nous rappelant les attributs de Dieu, car lorsque nous traversons des épreuves, nous sommes remplis de l'assurance que Dieu est immuablement bon, fidèle, sage et toujours avec nous. Se fier fidèlement à ce que Dieu dit est un grand réconfort.

« Aujourd'hui nous voyons au moyen d'un miroir, d'une manière obscure, mais alors nous verrons face à face ; aujourd'hui je connais en partie, mais alors je connaîtrai comme j'ai été connu. » 1 Corinthiens 13:12 (LSG)

2. Le Dieu de bonté est bon. Il est infiniment, immuablement bon et plein de bonne volonté.

Il est écrit dans le Psaume 73:1 (LSG) que « **Dieu est bon pour Israël.** » **Dieu est-il vraiment bon ? « Sentez et voyez combien l'Éternel est bon !** » Psaume 34:8 (LSG)

Il est souvent difficile pour nous de concilier la tension entre la bonté de Dieu et la souffrance. Notre système de croyance est affecté lorsque tout semble aller dans la direction opposée, au point de douter de la capacité de Dieu à nous aider ou, pire, de son amour pour nous. Quand tout va bien, les chrétiens ont plus de facilité à affirmer la bonté de Dieu. Lorsque la vie se dégrade, nous commençons à douter de la bonté de Dieu envers nous et pour nous.

Le psalmiste nous invite non seulement à croire que Dieu est bon, mais aussi à expérimenter sa bonté.

Cela devient encore plus intéressant lorsque le roi David affirme son expérience de la bonté de Dieu à un endroit où il souffrait. « Les afflictions des justes sont nombreuses. Bien que notre Dieu ait le pouvoir de faire ce qu'Il veut et qu'Il reste souverain sur tout, les bons ne sont pas épargnés par la souffrance. C'est ainsi que le roi David l'a reformulé : **« Le malheur atteint souvent le juste, Mais l'Éternel l'en délivre toujours.** » Psaumes 34:20 (LSG)

3. Le Dieu de justice est juste. En effet, Il est infiniment immuable, juste et parfait dans tout ce qu'Il fait.

De nombreuses personnes dans ce monde se demandent constamment ce que cela signifie pour Dieu d'être juste. En fait, il ne s'agit pas seulement d'être juste. Cela va plus loin et signifie que Dieu est bon envers toute l'humanité et qu'Il fait toujours ce qui est juste.

Dieu est sans injustice, Il est fidèle, juste et équitable.

Naturellement, nous nous demandons comment un Dieu juste peut justifier l'injuste. « Grâce à l'œuvre expiatoire du Christ, la justice n'est pas violée mais satisfaite lorsque Dieu épargne un pécheur. Sa miséricorde ne l'empêche pas d'exécuter sa justice, pas plus que sa justice ne l'empêche d'exécuter sa miséricorde. Il est à la fois pleinement miséricordieux et complètement juste.

À la lumière des autres attributs de Dieu que sont l'amour, la bonté, la grâce et la miséricorde, certains pourraient dire à tort que Dieu est trop bon pour punir le pécheur. Mais croire cela, c'est ignorer la réalité de sa justice infinie et immuable.

4. Le Dieu de la miséricorde est miséricordieux. Il est infiniment, immuablement compatissant et gracieux.

En fait, le mot hébreu pour miséricorde, « rehamim », est le pluriel de « utérus » et est lié à l'émotion de l'utérus. C'est ce qu'une mère ressent pour l'enfant qu'elle porte dans son sein. En outre, « hesed » décrit l'alliance d'amour fidèle. Dieu est activement et inépuisablement compatissant. Sa miséricorde est également imméritée.

« Car il dit à Moïse : Je ferai miséricorde à qui je fais miséricorde, et j'aurai compassion de qui j'ai compassion. Ainsi donc, cela ne dépend ni de celui qui veut, ni de celui qui court, mais de Dieu qui fait miséricorde. » Romains 9 :15-16 (LSG)

Comme indiqué sous l'attribut précédent, la miséricorde de Dieu est indissociable de sa justice. Il est immuablement, infiniment, miséricordieux - Il pardonne, Il est indéfectiblement, amoureusement bon envers nous. Il s'agit en effet d'une miséricorde imméritée.

Sans la miséricorde de Dieu, nous n'aurions aucun espoir d'atteindre le paradis. En raison de nos cœurs désobéissants, nous méritons la mort éternelle. **« Car tous ont péché et sont privés de la gloire de Dieu ; »** Romains 3:23 (LSG)

Grâce à la miséricorde de Dieu, nous n'avons pas ce que nous méritons. Au contraire, grâce à sa miséricorde, nous obtenons la vie par la foi en Christ.

Dans un monde dépourvu de culpabilité, de douleur et de larmes, la miséricorde de Dieu pourrait sembler rester en retrait, même si elle demeure infinie. C'est la misère humaine et le péché qui appellent à la manifestation de la miséricorde divine.

5. Le Dieu de grâce est miséricordieux.

Dieu est infiniment disposé à épargner les coupables. La miséricorde implique de ne pas recevoir ce que l'on mérite (la condamnation), tandis que la grâce consiste à recevoir ce que l'on ne mérite pas (la vie éternelle).

« L'Éternel est miséricordieux et compatissant, Lent à la colère et plein de bonté. » Psaume 145:8 (LSG)

La grâce n'est pas simplement une action que Dieu accorde, mais elle fait partie intégrante de son identité, ce qui signifie que nous pouvons avoir confiance en son éternité. **« Car c'est par la grâce que vous êtes sauvés, par le moyen de la foi. Et cela ne vient pas de vous, c'est le don de Dieu. »** Éphésiens 2:8 (LSG)

Sa grâce est également souveraine. **« ...Je ferai grâce à qui je ferai grâce... »** Exode 33:19 (LSG)

Lorsque nous abordons le concept de la grâce de Dieu, les spécialistes de la Bible et les théologiens font souvent la distinction entre la grâce salvatrice de Dieu et sa grâce commune. En grec, la grâce est définie comme une **« faveur non méritée »,** un don donné librement sans qu'il soit mérité. Dans ce sens, la grâce est un don universel offert à toute l'humanité. Ainsi, que l'on soit chrétien ou non, chacun bénéficie des bienfaits de la vie, de la provision et de l'abondance grâce à la grâce de Dieu.

Matthieu 5:45 (LSG) nous dit : **« ...car il fait lever son soleil sur les méchants et sur les bons, et il fait pleuvoir sur les justes et sur les injustes. »**

Il est important de noter que, bien que toute l'humanité bénéficie de la grâce universelle, la grâce salvatrice est réservée à ceux qui professent, croient et placent leur foi en Christ pour la recevoir. C'est cette grâce qui opère dans notre sanctification et notre glorification, nous permettant de vivre pour Dieu et de jouir de sa présence pour l'éternité.

6. Le Dieu d'amour est aimant. Dieu nous aime infiniment.

L'amour de Dieu, un attribut central de sa nature divine, transcende et accompagne chacun de ses autres attributs. C'est un amour éternel, souverain, immuable et infini.

« Bien-aimés, aimons-nous les uns les autres ; car l'amour est de Dieu, et quiconque aime est né de Dieu et connaît Dieu. Celui qui n'aime pas n'a pas connu Dieu, car Dieu est amour. » 1 Jean 4:7-8 (LSG)

L'amour de Dieu est une force dynamique qui nous rapproche de lui-même. Contrairement à un amour abstrait et impersonnel, il s'étend à chaque être humain de manière individuelle et personnelle. C'est un amour sans commencement ni fin, qui nous enveloppe de sa chaleur et de sa grâce, nous rappelant constamment sa proximité et sa sollicitude infinie.

7. Le Dieu de la sainteté est lui-même saint. Sa sainteté est infinie et immuable, représentant la perfection dans son essence même.

« Saint, saint, saint est le Seigneur Dieu, le tout-puissant. » Apocalypse 4:8 (LSG)

Le terme « sainteté » est utilisé pour décrire l'altérité divine, sa séparation absolue par rapport à toute autre entité. Il évoque le caractère vénéré, sacré et divin de Dieu, mais aucune de ces notions ne suffit à saisir pleinement l'impressionnante sainteté de notre Créateur. La sainteté de Dieu transcende toute description humaine et révèle sa plénitude et sa perfection infinie. En effet, la sainteté est l'attribut divin qui unit et sous-tend tous les autres. Elle représente le résumé ultime de la nature divine et de la réalité elle-même.

« Soyez donc parfaits, comme votre Père céleste est parfait. », dit Jésus dans Matthieu 5:48 (LSG).

Le caractère saint de Dieu implique que sa norme pour nous est la perfection absolue, et qu'Il demeure invariablement parfait en tout temps. Sans l'intervention salvatrice du Christ, qui a pris notre place et est mort pour expier nos péchés, nous ne pourrions jamais atteindre la sainteté de Dieu. Ainsi, notre besoin de Christ est absolu et incontestable.

Gloire à Dieu, car les croyants sont à l'abri de la colère sainte de Dieu. Par la mort et la résurrection de Jésus-Christ, le châtiment dû pour nos péchés a été entièrement payé et la justice du Christ nous est attribuée. Par conséquent, lorsque Dieu nous regarde, il voit en nous la sainteté parfaite de Christ, rien de moins, rien de plus. C'est ce qui nous permet de nous tenir en présence de sa pureté et de sa perfection sans crainte ni condamnation.

Le Dieu de gloire est glorieux. Il est infiniment beau et grand.

Tout d'abord, le terme « gloire » est traduit à partir du mot hébreu « kabod », qui évoque l'idée de « poids, force, puissance et capacité ». Ensuite, « kabod » renvoie également à des notions telles que « honneur, magnificence, splendeur et dignité ».

Ce concept revêt une grande importance dans l'Ancien Testament et mérite une exploration approfondie. Voyons comment le prophète Habacuc le décrit.

« C'est comme l'éclat de la lumière ; Des rayons partent de sa main ; Là réside sa force. » Habacuc 3:4 (LSG)

Cette description est certainement appropriée et conforme à ce que les Écritures décrivent souvent de la gloire de Dieu, en termes de lumière éblouissante qui brille plus fort que tout ce que nous pouvons expérimenter sur la surface de la terre. Il n'est pas étonnant que Moïse ait affirmé avoir été témoin de la gloire de Yahvé.

L'une de nos erreurs fréquentes est de ne souligner qu'un seul attribut de Dieu et de croire qu'Il est "une seule chose". À titre illustratif, beaucoup d'entre nous commettent l'erreur de croire que Dieu est amour et rien de plus. Il est évident que Dieu est amour mais en même temps, Il est tout-puissant, Il est aussi lumière, et Il est saint, etc. Nous devons apprendre au sujet de la Personne de Dieu et cela peut se faire en étudiant ses attributs qui nous sont révélés dans sa Parole.

Il est donc important de comprendre qu'il n'y a pas un attribut qui soit plus important qu'un autre ou que l'on doit mettre en exergue comme étant plus important ; Dieu est la totalité des attributs de Son caractère et si nous voulons entretenir une relation avec Lui, ainsi qu'élever notre vie de prière, nous le ferons mieux en cherchant à le connaître et à l'aimer tel qu'Il est, pas tel que nous le percevons avec nos propres sens.

La Parole de Dieu est notre source fiable qui four-nit l'information pertinente concernant Dieu notre Père ; à nous donc de l'étudier profondément afin d'augmenter notre connaissance et combattre l'ignorance (Osée 4 :8). Notre objectif est donc de mieux connaitre Dieu pour faire marche ensemble avec Lui comme nos pères et les héros dans la foi. « Or, la vie éternelle, c'est qu'ils te connaissent, toi, le seul vrai Dieu, et celui que tu as envoyé, Jésus-Christ. » (Jean 17 :3 LSG)

IV.

LA RELATION ENTRE PÈRE ET FILS

La prière est un dialogue entre Dieu et les êtres humains. Dans le contexte de la relation père-fils, il s'agit de Dieu et de ses enfants. Nous croyons que Dieu existe, qu'Il entend et exauce nos prières.

« Or sans la foi il est impossible de lui être agréable ; car il faut que celui qui s'approche de Dieu croie que Dieu existe, et qu'il est le rémunérateur de ceux qui le cherchent. » Hébreux 11:6 (LSG)

Dieu n'entend que la prière du juste, pas celle du pécheur. Cependant, dans sa souveraineté, Il peut intervenir dans les affaires du monde entier pour tous les hommes, qu'ils soient chrétiens, juifs, autres croyants ou incroyants.

Pour que Dieu prenne soin de quelqu'un, il faut établir une relation père-fils, ce qui est possible en remettant sa vie à Jésus.

« L'Éternel s'éloigne des méchants, Mais il écoute la prière des justes. » Proverbes 15:29 (LSG)

La prière concerne Dieu et ses enfants.

C'est par la prière que les croyants demandent à leur Père céleste de se manifester avec force dans leur vie quotidienne. La prière est un dialogue à double sens entre le Père et ses enfants. Matthieu 7:11 (LSG) : **« Si donc, méchants comme vous l'êtes, vous savez donner de bonnes choses à vos enfants, à combien plus forte raison votre Père qui est dans les cieux donnera-t-il de bonnes choses à ceux qui les lui demandent. »**

Nous avons reçu le mandat de dominer, une responsabilité conférée par Dieu lorsqu'Il a créé l'homme et la femme à son image et à sa ressemblance.

À travers l'histoire de l'humanité, le péché a corrompu l'homme et a éloigné l'humanité de Dieu en raison de son aversion pour le péché. Pour restaurer la communion avec l'homme, Dieu a établi un mécanisme qui permet de retrouver cette communion, appelée « Koinonia », semblable à celle qu'Il avait au commencement.

Il est descendu lui-même, a pris la forme d'un être humain et a payé le prix du péché en le condamnant sur la croix du Calvaire. Comme le dit la Bible : **« Car tous ont péché et sont privés de la gloire de Dieu ; »** (Romains 3:23).

Par sa propre volonté et son plan prédéterminé, Il s'est manifesté en Jésus, qui a marché sur la planète terre et a restauré la relation qui avait été rompue.

Il a établi la mesure du salut consistant à l'accepter comme Seigneur. Puis, après avoir accompli le sacrifice, il est monté au ciel et a envoyé le Saint-Esprit. Et quiconque croit devient un enfant de Dieu. Mais une étude plus approfondie de la Parole nous permet de connaître les différents statuts des enfants.

Question : Connaissez-vous votre statut dans le Royaume de Dieu ?

Il est intéressant de constater que la croissance et le développement chrétiens suivent fondamentalement le même modèle que la croissance et le développement humains. On commence bébé, puis jeune enfant, puis enfant plus âgé, puis adulte et, enfin, on devient parent. Bien que ces étapes de croissance soient presque automatiques chez un être humain en bonne santé, il n'en va pas de même dans le domaine spirituel.

Dans la société israélite, lorsqu'on parle de l'enfant, allusion est faite à celui qui reste sous dépendance totale des adultes. Dans le Nouveau Testament, Jésus lui-même manifeste une très grande admiration pour les enfants.

Le but de l'enseignement complet de la Parole de Dieu par l'apôtre Paul était de rendre chacun qui accepte

Jésus Christ comme Seigneur « mûr en Christ ». Le mot traduit ici par « mature » est le mot grec « teleios ». Il est dérivé de « telos », un mot qui signifie le but, l'objectif ou la fin pour laquelle une chose existe ou est accomplie.

Les termes utilisés pour parler des étapes de la maturité spirituelle sont : « **nepios** », « **paidion** », « **teknon** » et « **huios** », tous des mots grecs relatifs aux différents statuts d'un enfant.

Nous commençons par le terme « nepios » (nourrissons) ; c'est ce que l'apôtre Paul dit dans 1 Corinthiens 13:11 (LSG) : « **Lorsque j'étais enfant (nepios), je parlais comme un enfant (nepios), je raisonnais comme un enfant (nepios) ; lorsque je suis devenu homme, j'ai fait disparaitre ce qui était de l'enfant (nepios)**. » La nouvelle naissance est un meilleur vocable qui décrit l'expérience du salut. En fait, lorsqu' on dit qu'un homme naît « d'en haut » (Jean 3:3), il devient une nouvelle création en Jésus-Christ. Il est donc évident que son esprit est rempli du Saint-Esprit. Il est à classer dans la catégorie de nouveau bébé spirituel, un bébé en Christ.

Puis vient le terme « Paidion » (jeunes enfants). L'étape suivante dans le processus de développement est celle d'un jeune enfant, un PAIDION. La première qualité que l'on découuvre chez un PAIDION est son humilité. Matthieu 18:4 (LSG) : « **C'est pourquoi, quiconque se rendra humble comme ce petit enfant sera le plus grand dans**

le royaume des cieux. » En effet, c'est peut-être la caractéristique qui révèle qu'un NEPIOS poursuit bien son bout de chemin dans son développement. Ensuite, il commence à aller vers son Seigneur. Un sens d'intimité avec le Père nait, et il veut connaître intimement son Père.

1 Jean 2:13 (LSG) : « **Je vous écris, pères, parce que vous avez connu celui qui est dès le commencement. Je vous écris, jeunes gens, parce que vous avez vaincu le malin. Je vous ai écrit, petits-enfants, parce que vous avez connu le Père**. »

Ayez à la pensée un jeune enfant âgé de deux à dix ans. À cet âge, ils apprennent à imiter et à aimer leurs parents ; ils ne sont pas encore prêts à affronter le monde, et se sentent sécurisés par la présence parentale. Spirituellement leur apprentissage est calqué sur le principe d'imitation, ils imitent leur Père céleste (Éphésiens 5:1). Il est important de savoir qu'ils sont ou devraient être également sous la tutelle d'un père spirituel ; une personne mature dans la foi, dans l'église, pour une meilleure croissance spirituelle. Jésus a appelé ses disciples PAIDION (Jean 21:5), indiquant ainsi leur niveau de croissance spirituelle.

Ensuite vient le terme « Teknon » (adolescents spirituels).

Teknon (« un enfant vivant dans une dépendance volontaire ») clarifie la manière dont nous devons tous vivre dans une dépendance absolue vis-à-vis du Seigneur (à chaque instant), en nous laissant guider (soigner, nourrir) par notre Père céleste. L'accent est mis sur l'attitude enfantine (et non puérile) du cœur qui se soumet volontiers aux plans du Père. Nous comprenons mieux comment être réceptifs au Christ, qui parle de son rhēma-parole à une personne pour lui transmettre la foi.

Hébreux 5:12 - 14 (LSG): « Vous, en effet, qui depuis longtemps devriez être des maitres, vous avez encore besoin qu'on vous enseigne les premiers rudiments des oracles de Dieu, vous en êtes venus à avoir besoin de lait et non d'une nourriture solide. Or, quiconque en est au lait n'a pas l'expérience de la parole de justice ; car il est un enfant. Mais la nourriture solide est pour les hommes faits, pour ceux dont le jugement est exercé par l'usage à discerner ce qui est bien et ce qui est mal. » Mathieu 19 :14 (LSG) : **« Et Jésus dit : Laissez les petits enfants, et ne les empêchez pas de venir à moi ; car le royaume des cieux est pour ceux qui leur ressemblent. »**

Romains 8:16-17 (LSG) : **« L'Esprit lui-même rend témoignage à notre esprit que nous sommes enfants de Dieu.**

Or, si nous sommes enfants, nous sommes aussi héritiers : héritiers de Dieu, et cohéritiers de Christ, si toutefois nous souffrons avec lui, afin d'être glorifiés avec lui. »

Littéralement, le mot grec « Teknon » signifie :

A. τέκνον, τέκνου, ici le mot est apparenté à progéniture ; pluriel : *enfants.*

- au sens strict, proprement, universellement

1 Timothée 3:4 : **« Il faut qu'il dirige bien sa propre maison, et qu'il tienne ses enfants dans la soumission et dans une parfaite honnêteté ; »**

Marc 13:12 **: « Le frère livrera son frère à la mort, et le père son enfant ; les enfants se soulèveront contre leurs parents, et les feront mourir. »**

- sans distinction de sexe

Tite 1:6 : **« s'il s'y trouve quelque homme irréprochable, mari d'une seule femme, ayant des enfants fidèles, qui ne soient ni accusés de débauche ni rebelles.**

- enfant, postérité :

Romains 9:7 **: « et, pour être la postérité d'Abraham, ils ne sont pas tous ses enfants ; mais il est dit : En Isaac sera nommée pour toi une postérité**. »

B. τέκνα,

- enfants engendrés en **vertu de la promesse divine**, (Romains 9:8) ; considérés comme des enfants engendrés en vertu de la promesse de Dieu, (Galates 4:28) ;

- enfants par **descendance naturelle**, (Romains 9:8) dans un sens plus large (comme l'hébreu), **la postérité** : (Matthieu 2:18) ; avec l'accent : vraie postérité, vraie descendance, (Jean 8:39) ; (des femmes) à considérer comme des enfants, (1 Pierre 3:6). Spécifiquement, un enfant mâle, un fils : (Matthieu 21:28).

Jésus donne une illustration des pères céleste et terrestres, le second décrit comme un homme méchant qui peut néanmoins donner de bonnes choses à ses enfants, et le premier comme un bon père, en disant : **« Si donc, méchants comme vous l'êtes, vous savez donner de bonnes choses à vos enfants, à combien plus forte raison votre Père qui est dans les cieux donnera-t-il de bonnes choses à ceux qui les lui demandent. »** Matthieu 7:11 (LSG)

Enfin, nous avons le terme « huios » (fils pleinement mûrs).

Nous sommes maintenant prêts à examiner le stade de développement qui conduit au statut de HUIOS. C'est le mot dans le Nouveau Testament grec pour « fils « de Dieu, comme dans Romains 8:14. La caractéristique déterminante d'un fils de Dieu est qu'il est dirigé par l'Esprit. De nombreux chrétiens pensent qu'ils sont à ce niveau de « fils « parce qu'ils reçoivent la révélation, y compris et surtout les bébés (Matthieu 11:25).

La première chose que Jésus a dit à propos des « fils de Dieu « est qu'ils sont des artisans de paix (Matthieu 5:9) ; pas des pacifiques, ni des soldats de la paix, mais des artisans de la paix. Ils entrent et mettent fin aux combats. Ils aiment leurs ennemis et prient pour leurs persécuteurs (Matthieu 5:45). Ils sont complètement mûrs et ne manquent d'aucune exigence fondamentale de piété (Matthieu 5:48).

Ils sont la bonne postérité, les fils du Royaume (Matthieu 13:38). Ils doivent être séparés des incroyants, de l'iniquité, des ténèbres et des idoles (2 Corinthiens 6:14-18). Ils sont héritiers de Dieu (Galates 4:7) et sont amenés à la gloire (Hébreux 2:10).

Ils ne dorment pas spirituellement, mais revêtent l'armure de Dieu, s'exhortant et s'édifiant mutuellement (1 Thessaloniciens 5:5-11). Ils apprennent l'obéissance par la souffrance (Hébreux 5:8). Ils sont châtiés par le Seigneur (Hébreux 12:5). Ils sont bien-aimés du Père (2 Pierre 1:17). Ils sont « tels qu'Il est « dans ce monde, Ses représentants parfaits (1 Jean 4:17).

Un autre mot du Nouveau Testament grec étroitement lié à HUIOS est NEANISKOI. Les NEANISKOI sont les « jeunes hommes «. Peut-être qu'il s'agit là d'une catégorie entre le TEKNON et le HUIOS, car il semblerait d'après Matthieu 19:20 que le NEANISKOI n'a toujours pas la « perfection « des HUIOS. Mais le NEANISKOI a des visions (Actes 2:17) et sert de leader (Actes 5:10). Les jeunes hommes sont forts, la Parole de Dieu demeure en eux et ils ont vaincu le méchant (1 Jean 2:13,14).

Comme nous pouvons le constater, Dieu s'intéresse au développement spirituel de l'homme. Quel que soit le stade de développement dans lequel il se trouve ; le Père est intéressé, et comprend chacun selon son niveau, et Il se dispose à satisfaire chaque catégorie selon son appréciation. Il est le Dieu des bébés spirituels, de plus avancés ou encore des fils matures qui honorent le Père par la qualité de leur vie, aussi bien par le service qu'ils lui rendent. Ce qui compte le plus souvent, c'est l'établissement de la relation Père-fils, quel que soit le stade de développement dans lequel ils se trouvent.

Malheureusement, nombreux sont ceux qui peinent à ressentir les bienfaits de leur relation avec Dieu le Père à cause des mauvaises expériences qu'ils ont eues avec leurs pères terrestres lorsqu'ils étaient sous leur garde. Comprenez que notre Père céleste ne vous retirera jamais son amour. 2 Samuel 7:14 (LSG) dit : **« Je serai pour lui un père, et il sera pour moi un fils. »**

Cette prière est basée sur le lien de paternité entre le père et le fils. Il est important de comprendre la signification de cette relation afin de jouir et de bénéficier des fruits de la croix en vivant victorieusement.

PARTIE II

LES HOMMES VIENDRONT À TOI

Dieu, dans sa paternité et sa relation filiale, s'engage sur le grand chemin du renforcement de notre intimité avec Lui, chaque jour de notre voyage temporaire sur terre. La prière devient ainsi plus significative et essentielle pour nous.

Pour vous, que représente la prière ?

Quels sont ses bienfaits ?

La Parole de Dieu dit que tous les hommes viendront à Lui. La prière revêt des significations différentes pour chacun, selon ses propres raisons. Son pouvoir le plus important réside dans le maintien de notre communion avec le Père.

En conséquence, la prière est l'une des clés stratégiques qui définissent notre communion (Koinonia en grec, traduit par communion en anglais) avec le Père. Elle constitue l'une des principales plateformes de communion, aux côtés d'autres pratiques telles que la méditation.

1 Corinthiens 1:9 (LSG) : **« Dieu est fidèle, lui qui vous a appelés à la communion de son Fils, Jésus Christ notre Seigneur. »**

Communion : (Koinonia = partager ensemble - intimité - relation - participation). Tout ce qui entrave votre communion diminue votre potentiel.

En effet, la prière est à la fois un commandement et une exigence. **« Priez sans cesse. »** 1 Thessaloniciens 5:17 (LSG)

La prière est un moyen de changement et de transformation (Metamorpho).

« Environ huit jours après qu'il eut dit ces paroles, Jésus prit avec lui Pierre, Jean et Jacques, et il monta sur la montagne pour prier. Pendant qu'il priait, l'aspect de son visage changea, et son vêtement devint d'une éclatante blancheur. » Luc 9:28-29 (LSG)

La prière est une arme redoutable. Chaque fois qu'un homme prie, il devient comme un fil électrique exposé ; si vous le touchez, ce sera à votre détriment. Un croyant qui ne prie pas est une victime, c'est une question de temps. Car lorsque le mal frappe, il ne peut y résister. Mais s'il est un homme de prière, quand ce jour viendra, il se transformera en jour de manifestation. Conditionnons notre esprit à prier constamment.

V.

COMPRENDRE LA PRIÈRE

La prière est essentielle dans la vie du croyant en Christ. Un chrétien qui maîtrise cette vérité chérira et honorera ses temps de prière, car le lieu de prière est un lieu de législation spirituelle sur toutes les questions terrestres ; un temps de prière est un temps créatif. Quelque chose de grand se produit lorsque nous nous engageons dans la prière.

La maîtrise ou la compréhension de ces principes vous permettra d'établir solidement votre ministère de prière. Proverbes 24:3 (LSG) : **« C'est par la sagesse qu'on bâtit une maison, et c'est par l'intelligence qu'on l'affermit. »**

La prière est considérée comme un dialogue fructueux, un moyen de communication efficace entre le Seigneur et nous, une plateforme par laquelle le royaume et la volonté de Dieu sont transportés sur terre.

2 Chroniques 7:1-3 (LSG) : **« Lorsque Salomon eut achevé de prier, le feu descendit du ciel et consu-**

ma l'holocauste et les sacrifices, et la gloire de l'Éternel remplit la maison. Les sacrificateurs ne pouvaient entrer dans la maison de l'Éternel, car la gloire de l'Éternel remplissait la maison de l'Éternel. Tous les enfants d'Israël virent descendre le feu et la gloire de l'Éternel sur la maison ; ils s'inclinèrent le visage contre terre sur le pavé, se prosternèrent et louèrent l'Éternel, en disant : Car il est bon, car sa miséricorde dure à toujours ! »

Depuis le commencement, le désir de Dieu a toujours été de communier (koinonia) avec l'humanité, créée à son image et à sa ressemblance. L'Histoire nous apprend que depuis la nuit des temps, lorsque le Seigneur Dieu créa l'humanité, chaque jour, dans la fraîcheur du jour, sa voix résonnait dans le jardin d'Eden à la recherche de la communion.

Dans la réflexion de l'apôtre Jacques sur la prière, celui-ci mentionne la vie d'un grand homme de prière, le prophète Élie. Il souligne qu'Élie était un homme de la même nature que nous, mais qui était puissant dans la prière et créait des opportunités.

Quant à l'histoire des douze disciples demandant à Jésus de leur apprendre à prier, il est effectivement remarquable de noter qu'ils étaient juifs et donc familiers avec les pratiques religieuses de leur tradition. Cependant, leur demande révèle qu'ils reconnaissaient le besoin de progresser dans leur vie de prière. Cela souligne l'importance universelle de la prière et le désir humain fondamental de communiquer avec Dieu, quel que soit le contexte religieux ou culturel.

Pour comprendre à quel point la prière est essentielle pour les croyants, examinons d'abord la prière dans le contexte du peuple juif. Pour les juifs, la prière se compose de trois parties principales. Rappelons que les disciples de Jésus étaient juifs et savaient prier religieusement. Étonnamment, ils ont un jour demandé à Jésus de leur apprendre à prier.

Le mot « prière » vient du mot hébreu « **Tefilah** ». Les experts s'accordent à dire qu'il ne s'agit pas d'une traduction exacte, car prier signifie « implorer, supplier ou plaider », et nous disposons d'un certain nombre de mots hébreux qui traduisent ce sens de manière plus précise. Or, lorsque nous nous tournons vers Dieu dans la prière, ce ne doit pas être simplement pour formuler des demandes, comme s'Il ignorait nos besoins.

Bien sûr, une telle pratique est acceptable et devrait faire partie de notre conversation, mais dans l'ensemble, nos moments de prière sont bien plus que des tentatives d'obtenir des choses de Dieu. Psaumes 69:14 (LSG) : **« Mais je t'adresse ma prière, ô Éternel ! Que ce soit le temps favorable, ô Dieu, par ta grande bonté ! Réponds-moi, en m'assurant ton secours. »**

Ce qui est intéressant, c'est que nous ne pouvons pas nous permettre de ne pas le prier. Dieu n'a pas besoin de nos prières ; Il peut s'en passer. Par conséquent, une façon de bien faire les choses est de reconnaître l'importance de notre dépendance à l'égard de Dieu dans ce monde et dans l'au-delà.

Dieu ne nous doit rien, mais Il nous donne tout. Nous devrions également essayer de faire de même avec les autres et accorder nos faveurs librement. Nous devons exprimer notre gratitude envers Dieu non seulement en paroles, mais aussi en actes : en obéissant à ses commandements et en menant notre vie quotidienne comme Il le souhaite, d'autant plus que c'est pour notre bien.

Sachant que Dieu est bon et que rien ne lui est impossible, nous pouvons mener notre vie avec un profond sentiment de confiance et de sécurité. Même dans les moments de détresse, nous ne désespérerons pas, sachant que d'une certaine manière (mieux connue de Dieu), tout ce qui nous arrive est pour notre bien, donc une bénédiction déguisée. Nous n'aimons pas souffrir, alors nous prions Dieu de nous aider à sortir de notre détresse et de nous accorder le bien qui n'est ni caché ni déguisé, mais la nourriture qui est manifestement bonne, évidente même pour nos yeux charnels et notre compréhension limitée.

Notre confiance en Dieu nous donne force, courage et espoir. Nos prières quotidiennes renforcent notre confiance en Dieu.

Un temps pour le jugement de soi

Le mot hébreu *tefilah* (הלפת) vient du verbe *pallel* (ללפ), « juger ». Nous utilisons le verbe réfléchi *lehitpallel* (« prier »), qui signifie également «se juger soi-même ». Ainsi, le temps de la prière est le temps du jugement et de l'évaluation de soi.

Lorsqu'une personne se tourne vers Dieu et prie pour obtenir ses bénédictions, elle doit inévitablement examiner et sonder son cœur pour voir si elle est à la hauteur des normes de conduite quotidienne que Dieu a prescrites pour l'homme. S'il ne se trompe pas lui-même, il sera rempli d'humilité, réalisant qu'il ne mérite guère les bénédictions et les faveurs qu'il demande.

La prière nous permet de vivre une vie meilleure à tous égards, en vivant pleinement comme Dieu le souhaite.

Avodah - Service

Le niveau ultime de la prière devient *avodah*, ce qui signifie « service ». L'Ancien Testament (la loi de Moïse) demande aux enfants d'Israël de servir Dieu de tout leur cœur. Quel type de service peut être considéré comme un service du cœur ? C'est la prière. En ce sens, la prière est destinée à purifier notre nature et notre cœur.

Le sens ordinaire du mot **avodah** est « **travail** ».

Prenons l'exemple d'une usine de fabrication : nous travaillons toujours à partir d'une matière première que nous transformons en un produit raffiné et fini. Au cours de ce processus, nous passons beaucoup de temps à éliminer les déchets ou les aspérités de la matière première, qu'il s'agisse d'un diamant brut ou d'un simple morceau de bois, et à la transformer en un objet de valeur ou d'utilité.

Tefilah, dans le sens de **avodah**, est le processus de « **raffinage** » par lequel les impuretés du caractère de l'homme sont éliminées. Ces traits désagréables proviennent de l'âme « animale » de l'homme et lui sont « naturels ».

Cependant, l'homme est doté d'une âme de nature divine, qui est une trace de la divinité elle-même, et le trésor de tous les attributs qui qualifient l'homme pour être supérieur à l'animal. Pendant notre séance de prière, notre âme divine s'adresse à Dieu, et même l'âme animale est remplie de sainteté. Nous nous sentons nettoyés et purifiés par ce « service », et lorsque nous retournons à nos activités quotidiennes, le sentiment de sainteté et de pureté demeure et élève notre conduite quotidienne.

Tefilah - l'attachement

Le niveau le plus significatif de la prière est atteint lorsque nous sommes inspirés au point de ne vouloir rien d'autre que le sentiment d'attachement à Dieu. À ce stade, la *tefilah* est liée au verbe hébreu *tofel*, qui signifie « attacher », « joindre » ou « lier ensemble », comme si l'on mettait ensemble deux morceaux d'un vase cassé pour le reconstituer. En anglais, nous avons le mot « enjoin », qui signifie « commander », car le commandement est le lien qui unit la personne commandée à la personne qui commande, quels que soient la distance, le rang ou la position qui séparent le commandant et le commandé.

Lorsqu'un chef suprême ordonne à un serviteur de rang inférieur de faire quelque chose, cela établit immédiatement un lien entre eux. Le serviteur se sent immédiatement honoré que son maître l'ait remarqué et lui ait confié une mission et que lui, un individu de peu ou pas d'influence, puisse accomplir un devoir pour plaire à son supérieur. Cela le rend désireux d'être digne de la faveur et de l'attention de son supérieur.

Notre âme a d'ailleurs été appelée « la lampe de Dieu ». La flamme d'une lampe s'agite, s'efforce de s'élever, de se détacher, pour ainsi dire, de la mèche et du corps de la lampe, car telle est la nature du feu - s'efforcer d'aller vers le haut. Notre âme, également, s'efforce de s'élever, comme la flamme d'une bougie. C'est sa nature, que nous en soyons conscients ou non. En effet, la prière est le moyen par lequel nous nous attachons à Dieu, avec un attachement d'âme « d'esprit à esprit », et ce faisant, notre âme, pour ainsi dire, vole et s'élève vers le haut, pour s'unir à Dieu.

En effet, rien ne rapproche l'homme de Dieu plus que la prière, qui est véritablement l'effusion de l'âme et permet donc un « attachement d'esprit à esprit », comme nous l'avons mentionné plus haut. Si l'on considère que chaque instant passé à prier nous rapproche de Dieu, la prière (au niveau dont nous parlons) est comme une étreinte de Dieu. Elle nous procure une élévation spirituelle et une félicité merveilleuse, nous rappelant qu'il n'y a pas de plaisir ou de satisfaction plus grands.

Étonnamment, les disciples de Jésus, qui étaient des Juifs élevés dans l'ombre de leur tradition, qui savaient comment prier religieusement, ont été choqués par le niveau de productivité de Jésus-Christ. Il dépassait de loin ce qu'un seul homme pouvait produire. Ils lui ont donc demandé de leur apprendre comment prier.

Pourquoi la prière est-elle si vitale dans la vie du croyant ? Pouvez-vous prier et obtenir des résultats ? Comprenez que la vie est spirituelle, que la prière est essentielle et joue un rôle important dans notre marche avec Dieu.

Si nous voulons amener le monde invisible dans ce royaume terrestre, nous devons comprendre le mystère de la prière. **« Béni soit Dieu, le Père de notre Seigneur Jésus-Christ, qui nous a bénis de toutes sortes de bénédictions spirituelles dans les lieux célestes en Christ ! »** Éphésiens 1:3 (LSG)

Ne priez donc pas simplement parce que tout le monde prie, ou parce qu'on vous dit de prier. Lorsque vous n'obtenez aucun résultat, vous pourriez vous sentir découragé, mais ne perdez pas espoir. La prière fonctionne. Si elle a fonctionné pour nos ancêtres, elle fonctionnera également pour nous et produira les résultats escomptés.

PRIER AVEC UN BUT ET UNE INTENTION PARTICULIÈRE

La prière est un puissant mystère spirituel donné aux saints pour exercer leur domination sur la planète Terre.

Tant que vous ne comprendrez pas la place de la prière dans le plan divin, vous continuerez à essayer d'accomplir des tâches inachevées, à échouer continuellement et à ne pas obtenir de résultats cohérents dans votre vie.

Dans une parabole, le Seigneur Jésus-Christ a démontré à cette génération que la prière est un puissant système de domination. Incroyablement, cette vérité est encore très pertinente aujourd'hui.

Le juge de cette histoire n'avait aucun respect pour Dieu ni pour les hommes, mais la faible veuve persistante revenait sans cesse vers lui, répétant sa requête et insistant pour qu'il rende justice contre son adversaire. Pendant un certain temps, le méchant juge ne s'est pas occupé des affaires de cette femme et ne répondait pas à sa demande.

Jésus leur a donné cette parabole pour montrer qu'il faut toujours prier et ne jamais se relâcher.

Luc 18:1-7 (LSG) : **« Il dit : Il y avait dans une ville un juge qui ne craignait point Dieu et qui n'avait d'égard pour personne. Il y avait aussi dans cette ville une veuve qui venait lui dire : Fais-moi justice de ma partie adverse. Pendant longtemps il refusa. Mais ensuite il dit en lui-même : Quoique je ne craigne point Dieu et que je n'aie d'égard pour personne, néanmoins, parce que cette veuve m'importune, je lui ferai justice, afin qu'elle ne vienne pas sans cesse me rompre la tête. Le Seigneur ajouta : Entendez ce que dit le juge inique. Et Dieu ne fera-t-il pas justice à ses élus, qui crient à lui jour et nuit, et tardera-t-il à leur égard ? »**

Dieu veut que vous appreniez quelque chose ici. Lorsque vous priez, donnez-lui du temps. Dieu nous montre comment cela fonctionne. Il nous enseigne simplement à être patients, à donner du temps, à être persévérants et cohérents.

« Comme la veuve continuait à insister et à revenir vers lui, le juge sans cœur ne put supporter les mêmes demandes répétitives et décida d'accorder son attention et d'accéder à la demande de la femme parce qu'il s'était lassé d'elle. » (Luc 18 :5)

C'est une révélation qui nous dit que notre persévérance peut amener Satan à se lasser et à abandonner. Daniel continue de prier pendant 21 jours pour voir Gabriel descendre avec une réponse qui a été délivrée le tout premier jour où il avait commencé sa retraite de prière (Daniel 10). Le jour que vous attendez dans votre vie peut arriver grâce à votre persévérance. De plus, en priant constamment, vous pouvez lasser le diable pour qu'il vous lâche.

Quelle que soit la faiblesse d'un homme, s'il continue à prier et à entretenir sa vie de prière, un jour viendra dans sa vie où quelque chose se passera et où il verra la lumière.

Vous pouvez utiliser votre langue pour vous façonner un avenir meilleur. Utilisez votre langage avec efficacité dans votre lieu de prière pour obtenir des résultats et pour créer un avenir meilleur.

Écoutez ce que Jésus a dit à ses disciples dans Matthieu 17:20 (LSG) : « **...Je vous le dis en vérité, si vous aviez de la foi comme un grain de sénevé, vous diriez à cette montagne... »**

Quel merveilleux sermon de la part de Jésus ! Nous devons comprendre que le Seigneur Jésus nous montre notre responsabilité en tant qu'architectes de notre propre destinée.

Quoi que vous disiez dans la prière ou confessiez ... et croyiez, vous verrez certainement l'accomplissement de ce que vous avez demandé.

Le roi Ézéchias, dans les temps bibliques, était couché sur son lit de malade lorsqu'il reçut la visite du prophète

Ésaïe. Le prophète entra dans sa maison et lui annonça ce que le Seigneur lui avait ordonné de faire. Il lui dit : « Le Seigneur des armées t'envoie dire de mettre de l'ordre dans ta maison, car tu vas mourir. » Quel choc !

Ésaïe 38:10-11,17-20 (LSG) : **« … Je disais : Quand mes jours sont en repos, je dois m'en aller Aux portes du séjour des morts. Je suis privé du reste de mes années ! Je disais : Je ne verrai plus l'Éternel, L'Éternel, sur la terre des vivants ; Je ne verrai plus aucun homme Parmi les habitants du monde ! … Voici, mes souffrances mêmes sont devenues mon salut ; Tu as pris plaisir à retirer mon âme de la fosse du néant, Car tu as jeté derrière toi tous mes péchés. Ce n'est pas le séjour des morts qui te loue, Ce n'est pas la mort qui te célèbre ; Ceux qui sont descendus dans la fosse n'espèrent plus en ta fidélité. Le vivant, le vivant, c'est celui-là qui te loue, Comme moi aujourd'hui ; Le père fait connaître à ses enfants ta fidélité. L'Éternel m'a sauvé ! Nous ferons résonner les cordes de nos instruments, Tous les jours de notre vie, Dans la maison de l'Éternel. »**

Il continua à parler à Dieu de cette manière et à s'appuyer sur la Parole de Dieu. Voici ce qui s'est passé, de manière surprenante. Le prophète a pu sortir de la cour du palais, mais Dieu l'a arrêté au milieu du chemin et l'a renvoyé vers le roi. Le Seigneur lui dit : **« ... Puis la parole de l'Éternel fut adressée à Esaïe, en ces mots : Va, et dis à Ézéchias : Ainsi parle l'Éternel, le Dieu de David, ton**

père : J'ai entendu ta prière, j'ai vu tes larmes. Voici, j'ajouterai à tes jours quinze années. » Isaïe 38:4-5 (LSG)

Ne regardez pas autour de vous, fixez-vous sur Dieu et efforcez-vous de surmonter tous les obstacles qui se dressent sur votre chemin en déclarant et en prononçant des paroles pleines de conviction et de puissance ; vous verrez comment les murailles s'écrouleront devant vous et les mers se sépareront sous vos yeux.

Comprenez que la prière est l'une des nombreuses plateformes spirituelles qui peuvent être utilisées pour produire les résultats dont nous avons besoin dans nos vies.

La prière fait naître des idées

La prière est très importante dans la vie du croyant.

Si vous voulez vraiment voir Dieu se manifester dans votre vie, vous devez prier. À partir du moment où vous vous décidez à prier, il se passe quelque chose. Malheureusement, beaucoup de gens ne savent pas pourquoi ni comment ils doivent parler à Dieu.

Si vous avez besoin d'une idée, vous pouvez vous mettre à genoux. La plupart du temps, c'est au moment de la prière que nous recevons une illumination spirituelle et que nous pouvons saisir la réalité de quelque chose que nous avons eu du mal à appréhender avec notre esprit humain. En un instant, nous l'entrevoyons et commençons à voir.

Loin de moi l'idée de vous dire que nous ne pouvons voir ou recevoir des révélations qu'au moment de la prière. Par exemple, Jacob a pu s'orienter grâce à une vision nocturne, et Joseph n'était pas nécessairement en prière lorsqu'il a reçu des révélations.

Genèse 31:10-12 (LSG) : **« Au temps où les brebis entraient en chaleur, je levai les yeux, et je vis en songe que les boucs qui couvraient les brebis étaient rayés, tachetés et marquetés. Et l'ange de Dieu me dit en songe : Jacob ! Je répondis : Me voici ! Il dit : Lève les yeux, et regarde : tous les boucs qui couvrent les brebis sont rayés, tachetés et marquetés ; car j'ai vu tout ce que te fait Laban. »**

Le Dieu tout-puissant peut communiquer avec vous à travers votre esprit créatif, et quelque chose en sortira. Dieu a beaucoup d'idées en réserve pour vous. Comprenez que c'est la clé pour accéder à tout ce que vous voulez voir dans votre vie. L'accès aux idées de Dieu est essentiel à la vie des chrétiens au cours de leur voyage sur terre.

DEVENEZ PASSIONNÉ ET ENTHOUSIASTE

Il est temps de raviver votre vie de prière. Jésus-Christ a montré la voie ; Il était admiré par les Juifs pour les résultats qu'Il obtenait grâce à ses moments de prière.

La vie de prière des hommes et des femmes de Dieu, que beaucoup d'entre nous admirent et souhaitent avoir, est l'expression d'un long cheminement de foi, d'engagement et de dévouement.

Souvenez-vous que les résultats n'apparaissent pas du jour au lendemain ; en fait, ils sont le couronnement d'un engagement à prier encore et encore. **Pour se préparer à la saison des récoltes, l'agriculteur doit suivre les étapes nécessaires pour répondre à toutes les exigences d'une bonne saison agricole afin de jouir d'une récolte fructueuse.**

Ce symbole a vraiment eu un impact sur ma vie de prière personnelle au point d'augmenter l'appétit et la faim pour plus de temps d'adoration, de louange et de célébration dans mon lieu de prière.

J'ai commencé à chercher avec impatience à découvrir ce qui motivait et poussait ces généraux de Dieu à être des hommes et des femmes d'impact par leur style de prière, et à accomplir tant de choses dans leur vie. Quel secret se cache derrière tout cela ?

En lisant et en étudiant attentivement les psaumes de David, on se rend compte de leur profondeur. On peut sentir la passion derrière ses mots. C'est ainsi que j'ai décidé d'étudier quelques personnes qui ont réussi dans la prière, pour voir comment ces héros de la foi ont prié et obtenu de bons résultats grâce à leur engagement et à leur dévouement à la prière, ainsi que leur confiance en Dieu, notre Père céleste, qui entend et exauce les prières faites au nom de Jésus.

J'ai réalisé que le secret de l'impact d'un homme qui prie peut-être attribué à la combinaison de sa foi en la Parole de Dieu, de la prière et de la foi. Ceux qui prient comprennent que la Parole de Dieu est fiable. En croyant en sa parole et en priant constamment, ils ont reçu des réponses à leurs demandes.

Il est étonnant de voir comment les ministres de Dieu de la génération précédente ont accompli tant de choses et atteint tant de personnes dans des régions reculées ; ils ont été appelés à parcourir des kilomètres depuis leur pays d'origine pour apporter l'évangile du Christ dans le monde entier. L'un des secrets de leur réussite était leur dévouement à une vie cohérente de prière et de foi en la parole du Dieu vivant, qui récompense quiconque le cherche. Élie, Ézéchias, Moïse, Josué et bien d'autres ont prié.

Hudson Taylor est l'un de ceux qui m'ont inspiré par la manière dont il a prié et s'est préparé pour sa mission en Chine. La façon dont il a développé sa confiance en Dieu et dont il est resté silencieux après avoir prié, faisant confiance au Seigneur, peut littéralement toucher et rappeler l'un d'entre nous. Prenez note de ceci :

Une prière de foi faite avec une profonde conviction basée sur la parole du Dieu vivant, inspirée par le Saint-Esprit au milieu des défis et des impossibilités de la vie, produira de grands résultats au moment fixé par le conseil de Dieu, peu importe combien de temps cela peut prendre ou combien de drames et de défis peuvent entourer toute la scène de la vie. **« Il faut toujours prier, et ne point se relâcher. »** Luc 18:1 (LSG)

Pourquoi les hommes prient-ils ? La réponse à cette question est multiple. En effet, les hommes s'approchent de Dieu dans la prière pour différentes raisons. Ils demandent, intercèdent, louent et adorent Dieu dans différentes situations de leur vie. Il n'est pas étonnant que l'apôtre Jacques dise : **« Quelqu'un parmi vous est en difficulté ? Qu'il prie. »** Jacques 5:13 (LSG). Mais remarquez ce que dit la Bible : « Les hommes doivent toujours prier et ne pas s'affaiblir. »

Les raisons pour lesquelles un chrétien doit prier sont diverses. Il est important de se rappeler que la prière est une pratique commune à toutes les religions. Dans ce livre, nous nous concentrons spécifiquement sur la prière des croyants appelés « chrétiens », qui prient Dieu (leur Père, Abba en langue hébraïque) au nom de Jésus. Voici comment vous devez prier : **« Voici donc comment vous devez prier : « Notre Père qui est aux cieux ! Que ton nom soit sanctifié ; que ton règne vienne ; que ta volonté soit faite sur la terre comme au ciel. Donne-nous aujourd'hui notre pain quotidien ; pardonne-nous nos offenses, comme nous aussi nous pardonnons à ceux qui nous ont offensés ; ne nous induis pas en tentation, mais délivre-nous du malin. Car c'est à toi qu'appartiennent, dans tous les siècles, le règne, la puissance et la gloire. Amen ! »**, dit Jésus. » Matthieu 6:9-13 (LSG)

D'un point de vue biblique, la prière peut être définie comme une **requête** pieuse adressée à Dieu ou à un objet de **culte**, une communion spirituelle, une **supplication**, une **action de grâce**, une **adoration** ou une **confession**. Ainsi,

1. Consacrez intentionnellement du temps à la prière, que ce soit en priant seul dans votre placard ou en prenant le temps de prier avec d'autres.

2. Votre désir de prier augmentera lors de véritables moments de prière collective, où l'accent est mis sur la prière et où les principes bibliques sont appliqués.

3. Méditez sur les hommes et les femmes de prière dans la Bible, comme Élie, Ézéchias, David ou Jésus notre Seigneur.

4. En lisant des livres sur les prières des généraux de Dieu qui sont venus avant notre temps, vous pourrez marcher dans la victoire en associant la prière à votre marche quotidienne et à votre relation avec le Créateur.

5. L'enseignement sélectif d'hommes craignant Dieu et s'appuyant sur la Parole de Dieu peut être reproduit avec beaucoup plus d'efficacité, car le Saint-Esprit nous guide, nous conduit et nous conseille en toutes choses.

VI.

LA PRIÈRE DANS LA VIE D'UN CROYANT

Vos prières sont importantes au point que vous ne pouvez prétendre vivre une vie chrétienne efficace sans mettre l'accent sur ce ministère glorieux.

La prière constitue l'essence et le cœur de la vie chrétienne ainsi que de nombreuses autres religions. Toutefois, la philosophie contemporaine a tendance à sous-estimer son pouvoir, remettant en question l'efficacité de l'intervention divine dans les affaires humaines.

Yuval N. H, auteur à succès, a déclaré : « Génération après génération, les humains ont prié pour que Dieu intervienne dans les affaires des hommes. » Génération après génération, les hommes ont imploré tous les dieux, les anges et les saints, et ont mis en place d'innombrables rituels, institutions et systèmes sociaux. Malgré cela, des millions ont péri de la famine, des épidémies et de la violence. De nombreux penseurs et prophètes ont conclu que ces fléaux faisaient partie intégrante du plan cosmique de Dieu ou de notre nature imparfaite, et qu'il ne faudrait rien de moins que la fin des temps pour nous en libérer.

La citation « Nous n'avons pas besoin de prier un dieu ou un saint pour nous en délivrer » souligne à quel point la prière est de plus en plus sous-estimée et mal comprise par de nombreuses personnes.

Veuillez noter que nous ne prions ni les anges ni les saints. En tant que chrétiens, nos prières sont adressées à notre Père céleste, Dieu, au nom de Jésus.

Si les gens n'obtiennent pas les résultats escomptés après avoir prié, ou si les choses ne se sont pas déroulées comme ils l'avaient prévu, ce n'est pas la faute de Dieu. Certes, ils n'ont peut-être pas maîtrisé les principes qui permettent d'obtenir des résultats par la prière, mais la cause principale peut être attribuée à un manque de connaissance du sujet, du but et de l'importance de la prière. Le prophète Osée nous donne une clé puissante : que devons-nous faire lorsque quelque chose ne va pas dans notre vie ? Le problème n'a jamais été du côté de Dieu, mais du côté de l'homme.

Aggée 1:6-7 (LSG) : **« Vous semez beaucoup, et vous recueillez peu, Vous mangez, et vous n'êtes pas rassasiés, Vous buvez, et vous n'êtes pas désaltérés, Vous êtes vêtus, et vous n'avez pas chaud ; Le salaire** de celui qui est à gages tombe dans un sac percé. Ainsi parle l'Éternel des armées : Considérez attentivement vos voies ! »

Si notre prière n'a pas fonctionné dans le passé, c'est probablement parce que nous ne comprenions pas les bases de la prière. Comprenez que la prière est le fondement de toute notre vie chrétienne. La vie éternelle, la communion fraternelle et les Écritures n'auront aucune valeur si vous ne priez pas ! Car c'est dans la prière que vous engagez votre esprit à recevoir ces bénédictions. Tout ce dont vous avez besoin dans votre vie se trouve actuellement en vous, mais nous ne savons pas toujours comment faire appel à Dieu pour y accéder.

La prière est une arme pour ces temps de la fin, une arme de destruction massive.

En fait, un chrétien à genoux est aussi puissant qu'une bombe atomique. Sa prière peut affecter n'importe quelle situation et endommager le camp de ses ennemis ; Jacques a dit que la prière est très efficace (Jacques 5 : 16 traduction française libre de la Amplified version).

Le prophète Elie est l'un de personnage biblique qui a utilisé cette arme puissante pour confondre les prophètes dits de Baal afin de ramener le cœur des enfants d'Israël vers son Dieu. Il pria et comme une arme à feu, le ciel cracha le feu sur l'autel établi pour la circonstance. Il nous le décrit dans 1 Rois 18 :29 -36 (LSG) : **« Lorsque midi fut** passé, ils prophétisèrent jusqu'au moment de la présentation de l'offrande. Mais il n'y eut ni voix, ni réponse, ni signe d'attention. Élie dit alors à tout le peuple : Approchez-vous de moi ! Tout le peuple s'approcha de lui. Et Élie rétablit l'autel de l'Éternel, qui avait été renversé.

Il prit douze pierres d'après le nombre des tribus des fils de Jacob, auquel l'Éternel avait dit : Israël sera ton nom et il bâtit avec ces pierres un autel au nom de l'Éternel. Il fit autour de l'autel un fossé de la capacité de deux mesures de semence. Il arrangea le bois, coupa le taureau par morceaux, et le plaça sur le bois. Puis il dit : Remplissez d'eau quatre cruches, et versez-les sur l'holocauste et sur le bois. Il dit : Faites-le une seconde fois. Et ils le firent une seconde fois. Il dit : Faites-le une troisième fois. Et ils le firent une troisième fois. L'eau coula autour de l'autel, et l'on remplit aussi d'eau le fossé. Au moment de la présentation de l'offrande, Élie, le prophète, s'avança et dit : Éternel, Dieu d'Abraham, d'Isaac et d'Israël ! que l'on sache aujourd'hui que tu es Dieu en Israël, que je suis ton serviteur, et que j'ai fait toutes ces choses par ta parole !

Réponds-moi, Éternel, réponds-moi, afin que ce peuple reconnaisse que c'est toi, Éternel, qui es Dieu, et que c'est toi qui ramènes leur cœur !

Et le feu de l'Éternel tomba, et il consuma l'holocauste, le bois, les pierres et la terre, et il absorba l'eau qui était dans le fossé.

Quand tout le peuple vit cela, ils tombèrent sur leur visage et dirent : C'est l'Éternel qui est Dieu ! C'est l'Éternel qui est Dieu ! »

Une grande plateforme de transformation spirituelle.

Jésus Christ a expérimenté cette réalité spirituelle que l'évangile de Luc nous décrit dans Luc 9:29-31 (LSG) : **« Pendant qu'il priait, l'aspect de son visage changea, et son vêtement devint d'une éclatante blancheur. Et voici, deux hommes s'entretenaient avec lui : c'étaient Moïse et Élie, qui, apparaissant dans la gloire, parlaient de son départ qu'il allait accomplir à Jérusalem. »**

L'Ancien Testament nous rapporte que Moïse est monté sur la montagne pendant quarante jours et quarante nuits. Et lorsqu'il est descendu avec les deux tablettes de l'alliance dans sa main, Moïse ne s'est pas rendu compte que la peau de son visage brillait parce qu'il avait parlé avec Dieu (Exode 34:29-35). Plus vous passez de temps avec Dieu dans la prière, plus vous êtes fortifié, transformé et habilité à faire face aux défis de la vie, et à poursuivre votre marche dans la foi avec l'aide du Saint-Esprit.

Ne vous y trompez pas, un croyant qui ne prie pas sera victime des circonstances de la vie.

La prière était le mode de vie de nos pères dans la foi. Il n'est pas étonnant qu'ils aient remporté de grandes

batailles et qu'ils se soient établis dans des positions d'influence (Hébreux 11:1 - 2).

La Bible révèle des exemples de différents styles de prière pratiqués par des hommes et des femmes de Dieu qui se sont distingués dans ce domaine spirituel. Leurs prières sont devenues des références pour des générations, et leurs résultats parlent d'eux-mêmes.

Le roi David est l'un des grands exemples d'un croyant qui a développé une intimité avec Dieu par la prière.

Le style de prière du **prophète Élie** révèle des vérités sur ce puissant prophète de Dieu qui s'est distingué dans ce domaine spirituel (Jacques 5:17).

D'ailleurs, **Jacques** exprime son enthousiasme pour le style de prière d'Élie et fait un exposé remarquable à ce sujet dans son cinquième chapitre.

Chaque fois que j'ai une inspiration pour prier, je me sens enthousiaste et confiant. Je sais que ces moments de prière sont uniques et irremplaçables. C'est à ce moment-là que la terre touche le ciel. En d'autres termes, nous nous connectons à notre Père céleste par le moyen de communication qu'est la prière.

C'est pourquoi il est si important que chaque chrétien, où qu'il soit, comprenne l'importance de la prière dans sa vie. À travers nos prières, nous pouvons influencer le cours de nos vies, de nos familles, de nos communautés et du monde entier. La vie sans prière pour les croyants équivaut à un suicide pour le monde. Pouvez-vous imaginer notre monde actuel sans les autels de la prière, dans un monde rempli de toutes sortes de maux ? **« Les jours sont mauvais, marchez prudemment. »** (Éphésiens 5:14,16-17).

Je suis convaincu qu'une manière prudente de naviguer dans la vie est de développer et de maintenir un temps de prière de qualité. Les tragédies surviennent quotidiennement, les guerres éclatent sans préavis, les famines surgissent en une nuit, et les maladies continuent de surprendre l'humanité. Les moments de prière sont des instants de créativité, d'échange entre le ciel et la terre. La Bible affirme que Dieu est sur son trône et exhorte les hommes à prier constamment, sans faiblir (Luc 18).

La prière est une clé qui peut ouvrir la voie à la manifestation du mystère du Royaume de Dieu sur la terre et à l'avènement du ciel sur terre. Comme le dit la prière modèle : **« Que ton règne vienne, que ta volonté soit faite sur la terre comme au ciel. »** (Matthieu 6:10)

Lorsque nous prions avec foi et sincérité, les portes des cieux s'ouvrent et la gloire de Dieu se manifeste dans nos situations et nos circonstances. L'une des études de l'apôtre Jacques sur la prière reste la chose la plus passionnante que nous recommandons à tous les chrétiens dévoués. Je suis émerveillé par la façon dont il a mentionné la référence de l'homme juste lorsqu'il a prié et a désigné le prophète Élie. Il dit : **« Elie, un homme de la même nature que nous, a prié. »** (Jacques 5:17)

Un autre récit concerne les disciples. Un jour, ils ont vu Jésus prier et ont remarqué qu'il obtenait des résultats. Ils l'ont alors arrêté et lui ont fait une demande : **« Maître, apprend-nous à prier. »** (Luc 11:1-4).

VII.

LA PRIÈRE REND LA PUIS-SANCE DISPONIBLE

Aucun croyant ne peut vivre une vie chrétienne victorieuse sans la puissance du Saint-Esprit. Jésus Christ a mentionné qu'Il avait beaucoup de chose à transmettre à ses disciples, mais qu'ils n'étaient pas encore capables de les comprendre (Jean 16:12). Il a ensuite précisé qu'une fois qu'ils recevraient le Saint-Esprit, ils seraient en mesure d'accomplir beaucoup plus qu'auparavant. L'apôtre Paul parle de Dieu qui peut agir, par la puissance qui œuvre en nous (Éphésiens 3:20), infiniment au-delà de nos pensées et de notre imagination.

Le Saint-Esprit intervient dans nos moments de prière, et prie pour nous (Romains 8,:26).

Pour vivre une vie de prière constante, nous devons comprendre comment opérer dans la puissance du Saint-Esprit.

Sur cette base, Jésus a dit à ses disciples dans Actes 1:8 (LSG) : **« Vous recevrez une puissance... »**

Selon l'apôtre Jacques (Jacques 1:16-17), lorsque nous prions, nous mettons à notre disposition une puissance extraordinaire.

Nous devons d'abord comprendre ce qu'est la puissance, puis agir avec diligence dans la prière. Le mot « puissance » est traduit du grec.

1. **Exhousia** - (L'autorité que nous acquérons grâce à notre position en Christ).

Nous sommes assis dans les lieux célestes, à la droite de sa Majesté. C'est comparable à l'uniforme d'un policier en service. Rien qu'en regardant son uniforme, nous identifions qui il est et nous nous soumettons à l'autorité qu'il exercera.

Matthieu 10:1 (LSG) : **« Puis, ayant appelé ses douze disciples, il leur donna le pouvoir de chasser les esprits impurs, et de guérir toute maladie et toute infirmité. »**

2. **Dunamis** - (Dynamos, comme un générateur produisant des effets, de l'électricité).

Généralement, ce type de puissance est obtenu par la prière et la déclaration.

Actes 1:8 (LSG) : **« Mais vous recevrez une puissance, le Saint-Esprit survenant sur vous, et vous serez** mes témoins à Jérusalem, dans toute la Judée, dans la Samarie, et jusqu'aux extrémités de la terre. »

3. Anagkazo - puissance irrésistible

La capacité de Dieu vient sur vous et Dieu habitera en vous de façon permanente. La présence de l'Esprit Saint en vous est une puissance dormante. Si vous décidez de l'activer, vous obtiendrez de grands résultats. Profitez-en !

Luc 14:23 (LSG) **: « ...Va dans les chemins et le long des haies, et ceux que tu trouveras, contrains-les [anagkazo] d'entrer, afin que ma maison soit remplie. »**

Dans le livre des Corinthiens, l'apôtre Paul parle des dons de l'Esprit. L'un d'eux est le don des langues (parole, prière ou interprétation) (1 Corinthiens 12:14).

Il a démontré la place de ce don. Il est étonnant de considérer son enseignement sur les langues. D'abord, il dit **« que celui qui parle en langue prie pour avoir le don d'interprétation »** (1 Corinthiens 14:13).

Celui qui parle en langues communique des mystères et s'adresse à Dieu. Il s'édifie lui-même. Le terme « édifier » ici implique de se fortifier intérieurement (1 Corinthiens 14:4).

Lorsque vous priez en langues, une puissance est libérée. Ce que vous faites de cette puissance détermine le cours de votre vie. Si vous ne tirez pas parti de cette puissance, votre vie ne changera pas beaucoup, même si elle est disponible pour vous. Cette puissance doit être mise en action pour accomplir quelque chose. Beaucoup de chrétiens ne sont pas conscients de ce secret que je partage.

Ils passent de bons moments à prier en langues, suscitant tant de puissance, mais ensuite ils s'en vont sans dire un mot. Merci à Dieu pour le don de langues, mais ce n'est pas suffisant. Lorsque vous priez en langues, au bout d'un certain temps, une puissance énorme sera libérée ; vous le saurez lorsque cela se produira - vous serez envahi par une forte puissance.

À ce moment-là, vous devez profiter de la puissance libérée et l'utiliser pour ce que vous voulez.

Je me souviens avoir été confronté à un problème de paiement de loyer il y a plusieurs années ; j'avais accumulé plus de six mois d'arriérés, et je n'avais pas d'emploi, je veux dire un emploi permanent, depuis de nombreux mois.

Le bailleur nous faisait confiance et vérifiait à peine son compte bancaire pour voir si le loyer était payé en totalité et à temps. J'ignore ce qui lui était arrivé ce jour-là, mais pour la toute première fois depuis notre séjour dans son appartement, il avait décidé de vérifier l'historique de nos transactions et constaté que nous étions en retard depuis plusieurs mois. Il n'en revenait pas, sachant qu'il nous faisait confiance. Il a donc entrepris de nous rendre visite dans l'appartement au milieu de la nuit. Et quelle surprise ! Quand il est arrivé à l'appartement, il a entendu des langues, quelqu'un qui priait avec des langues profondes pendant très longtemps.

Il est reparti et est revenu le lendemain pour vérifier à nouveau. Finalement, il décida de visiter notre appartement le soir et rencontra ma belle épouse. Il lui demanda pourquoi nous n'avions pas payé le loyer depuis tant de mois. « Mon mari n'a pas d'emploi stable », répondit ma femme. Le propriétaire de l'appartement continua en disant :

« Pourquoi ne pas me l'avoir dit ? Est-ce que je ne vous inspire pas confiance ? Quand j'ai vérifié mon compte bancaire et que je me suis rendu compte que l'argent manquait, j'ai pensé que vous aviez fait la même chose que les autres. Mais j'ai été surpris quand je suis venu hier soir, j'ai entendu votre mari prier en langues ; j'ai compris que cet homme était un serviteur de Dieu, » a dit le bailleur. Puis ma femme entrepris de lui raconter ce que nous traversions depuis quelques mois.

Vous pouvez maximiser votre potentiel de prière avec l'aide du Saint-Esprit. Prier en langues a fait partie de mon processus de percée. En priant en langues, j'ai fait naître des mystères alors que j'étais en difficulté et le Saint-Esprit a utilisé ces circonstances pour glorifier Dieu. Alléluia !

Le bailleur a été touché par la puissance du Saint-Esprit grâce à mon parler en langues.

Il est allé au distributeur, a retiré de l'argent et a remis à ma femme une grosse somme qui a permis de couvrir les dépenses de notre ménage pendant deux mois. Cette somme n'était pas remboursable. Quel miracle ! Comment expliquer ce scénario ? La personne à qui je devais une grosse somme d'argent est devenue un grand canal de bénédiction financière pour ma famille.

Votre prière peut changer une décision et vous favoriser chaque fois que vous vous trouvez dans une situation difficile. Si vous décidez de prier, vous mettrez à disposition une puissance considérable dans son fonctionnement.

Finalement, j'ai obtenu un emploi d'expatrié bien rémunéré avec de grands avantages, et Dieu a visité nos finances au point où nous sommes devenus partenaires au sein du département de la télévision, de l'école de guérison et de la mission dans l'église dans laquelle je servais à l'époque.

Prier en langues le plus souvent possible peut vous épargner des ennuis.

C'est une autre forme de langage spirituel avancé qui accélère les réalités spirituelles. Vous devez comprendre que vous pouvez exprimer votre bien-être en parlant en langues.

1 Corinthiens 14:2 (LSG) : « **En effet, celui qui parle en langue ne parle pas aux hommes, mais à Dieu, car**

personne ne le comprend, et c'est en esprit qu'il dit des mystères. »

Déclaration après un temps de communion avec le Saint-Esprit.

Un jour, tandis que je cherchais un nouvel emploi, j'ai pris quelques jours pour prier et jeûner. Je me rappelle qu'au dernier jour des moments de prière, quelque chose s'est produit, et cela a changé ma vie de prière. J'ai prié pendant très longtemps. En fait, je ne pourrai pas dire combien d'heures j'avais passé dans Sa présence parce que j'étais plongé dans la prière. Soudainement, j'entendis une voix murmurer à mes oreilles : « Ce que le Ciel a accordé, la terre ne peut pas le révoquer «.

À ce moment-là, mon parler en langues s'est arrêté immédiatement, et j'ai su que j'avais reçu la substance que je cherchais. J'ai commencé à le dire à haute voix : « Ce que le Ciel a accordé, personne ne peut l'arracher. » J'ai continué à professer ma foi pendant des jours jusqu'à ce que la bonne opportunité se présente à moi ; je l'ai saisie avec aisance parce que j'avais déjà une note de victoire dans mon esprit. Gloire à Dieu. Le résultat est venu lorsque j'ai pris la décision de faire confiance à la Parole de Dieu et à la direction du Saint-Esprit.

L'Évangile est digne de confiance et nous pouvons nous y fier et obtenir des résultats tangibles. Il n'est pas étonnant que l'apôtre Paul ait écrit dans le livre des Actes 20:32 (KJV) : **« Et maintenant je vous recommande à Dieu et à la parole de sa grâce, à celui qui peut édifier et donner l'héritage avec tous les sanctifiés. » (Traduction libre ?)**

Le mot **« édifier »** utiliser ici est en relation avec la construction ; il donne une idée de la contribution à la construction d'un bâtiment physique.

En d'autres termes, l'apôtre Paul explique que votre vie a la forme d'un édifice spirituel qui a besoin d'éléments d'entrée pour une construction progressive et qualitative afin de vous donner une forme qui est le produit final de Dieu, indestructible, fort à ses yeux.

La connaissance de la Parole de Dieu vous donnera des arguments dans la prière. En priant avec votre intelligence, vous pouvez placer la bonne parole de la Bible pour centrer l'attaque et détruire les réalités défavorables qui vous défient.

Restez sous la direction du Saint-Esprit en suivant ses instructions.

Jean 16:12-13(LSG) : **« J'ai encore beaucoup de choses à vous dire, mais vous ne pouvez pas les porter maintenant. Quand le consolateur sera venu, l'Esprit de vérité, il vous conduira dans toute la vérité ; car il ne parlera pas de lui-même, mais il dira tout ce qu'il aura entendu, et il vous annoncera les choses à venir. »**

Réalisons que le Saint-Esprit vit en nous et qu'Il est avec nous pour nous guider. Suivons ses directives même si nous ne savons pas du tout ce qu'Il a l'intention de faire. Nous sommes le véhicule de Sa shekinah, et c'est Lui qui est derrière le volant. Il peut tourner à droite, à gauche, ou même aller tout droit sans demander la volonté du véhicule. Mais il ne faut pas oublier que le véhicule, en tant que corps, doit être entretenu afin de continuer à accueillir la puissante présence du Père dans le but d'accomplir Sa volonté et Ses désirs sur terre, avec les moyens de votre vie comme véhicule.

VIII.

SE CONSACRER À LA PRIÈRE ET NE JAMAIS FAIBLIR

Les jours sont mauvais, les temps sont durs. Restez fort et devenez intentionnel et déterminé dans la prière. Il n'est pas nécessaire d'attendre les séances de prière de l'église, mais plutôt de construire votre propre autel de prière avant toute chose. Exercez vos talents de prieur en structurant vos temps de prière pour obtenir de meilleurs résultats. Vous pouvez obtenir plus de résultats à genoux et lorsque vous vous manifestez, vous faites bouger les choses.

L'apôtre Paul utilise le terme « dévotion », qui vient du mot grec « skholadzô » [verbe], dérivé de « skholê » signifiant « divertissement ».

1. Se donner, s'occuper de quelque chose

« Ne vous privez point l'un de l'autre, si ce n'est d'un commun accord pour un temps, afin de vaquer à la prière ; » 1 Corinthiens 7:5 (LSG)

2. **Diligent :** (éuparédros [adj. utilisé comme nom] ; de éu : bon, para : en outre, et hédra : siège).

Paul parlait aux Corinthiens en vue de ce qui est convenable, et afin qu'ils s'occupent (lit. : et avec diligence) du service du Seigneur sans distraction. 1 Corinthiens 7:35 (LSG) : **« Je dis cela dans votre intérêt ; ce n'est pas pour vous prendre au piège, c'est pour vous porter à ce qui est bienséant et propre à vous attacher au Seigneur sans distraction. »**

Il y a de nombreuses années, je me souviens avoir prié pour un homme qui était venu assister à une école de guérison à Toronto, mais qui n'avait pas pu être accueilli pendant la session. Ma femme l'a ramené à la maison et on a prié pour lui. L'homme avait un souci avec sa santé ; Il avait perdu la vue. Il nous a relaté l'histoire selon laquelle cette condition a commencé depuis le jour où il avait visité son pays d'origine en Afrique, après plusieurs années à l'étranger.

Les ingrédients d'une prière exaucée :

1. Le désir de l'homme qui avait perdu la vue

2. La foi en Dieu que nous avions pour la guérison et les miracles

3. La prière que nous avons faite a produit une puissance énorme dans son fonctionnement au

fil du temps et a produit un miracle. Aujourd'hui, l'homme voit correctement.

J'ai longtemps ignoré le pouvoir que je pouvais libérer par la prière. (Jacques 5:14-15) : **« Celui qui prie obtient des résultats. »** En effet, il y a des bénéfices associés à notre engagement dans la prière.

Cessez de vous quereller, commencez à prier
Cessez de vous plaindre, priez
Cessez de blâmer les autres pour vos échecs, priez
Cessez de critiquer, priez

Comprenez que : *« Un chrétien à genoux est plus puissant que n'importe quelle bombe atomique «,* comme l'a si bien dit John Hagin.

Lorsque vous êtes à genoux, que vous parlez à votre Père céleste avec foi et que vous croyez que tout ce que vous demandez, vous le recevrez, vous êtes comme un soldat au front qui brandit une arme de destruction massive, la plus puissante et la plus destructive, à laquelle aucun ennemi ne peut résister.

Le soldat sait pourquoi il est dans l'armée et ce qu'il porte lui permet d'exercer son autorité en vertu de son appartenance à l'armée dans laquelle il est enrôlé. Il reste confiant et concentré sur la victoire, en utilisant les armes à sa disposition.

Une autre expérience personnelle

Un autre jour, je m'en remettais à Dieu pour trouver un nouvel emploi, puis je suis tombée sur une merveilleuse opportunité dont le processus de recrutement était assez long. Il fallait passer par de nombreuses étapes d'entretien et attendre des mois avant d'être interviewé.

Tout au long du processus, j'ai prié en permanence. Finalement, j'ai signé mon contrat, j'ai commencé à travailler et le reste appartient à l'histoire.

On observe la constance dans la vie de prière de Jésus. Chaque matin pendant qu'il faisait encore sombre, bien avant que la lumière du jour paraisse ; il se retirait dans un lieu désert pour prier (Marc 1 : 35).

Ce livre n'est pas un ouvrage doctrinal ; je ne traite pas de la doctrine de la prière, mais plutôt des résultats que vous obtenez lorsque vous appliquez les principes de Dieu concernant la prière, et que vous obéissez et vous soumettez à la direction du Saint-Esprit.

Vous priez ? Montrez-moi les résultats de vos prières. La prière au nom de Jésus fonctionne si vous suivez l'application des principes de Dieu concernant la prière, et si vous obéissez et vous soumettez à la direction de l'Esprit Saint.

Vous pouvez changer les conditions de votre vie, affecter des changements dans votre communauté, votre entreprise et votre ministère par le ministère de la prière. « Chaque instant est un temps de prière », a déclaré l'apôtre

Joshua Selman. Priez sans cesse, ne vous relâchez pas, n'abandonnez pas.

NE JAMAIS FAIBLIR, NE JAMAIS DOUTER

Parfois, lorsque Dieu parle, cela n'a aucun sens pour nous. Il nous faut parfois des jours, voire des années, pour comprendre ce que Dieu s'apprête à faire avec nous et à travers nous. Le parcours d'Abraham pour engendrer Isaac illustre cette vérité.

Genèse 18:10 (LSG) **: « L'un d'entre eux dit : Je reviendrai vers toi à cette même époque ; et voici, Sara, ta femme, aura un fils. Sara écoutait à l'entrée de la tente, qui était derrière lui**. »

J'essaie de décrire la réaction d'Abraham et de Sarah. Ils ont probablement tous deux dit : « Les merveilles ne cessent jamais ». C'est ce que Sarah et Abraham ont semblé dire lorsque Dieu leur a annoncé qu'ils auraient leur propre enfant **« l'année prochaine à la même époque »** (Genèse 17:15-16, 19-21 ; 18:10, 13-14).

Puis-je prier et recevoir une réponse dans un délai précis ? Il a fallu 25 ans à Abraham pour que la promesse devienne réalité. Un enfant lui est né, à lui et à Sarah, et ils l'ont appelé Isaac, ce qui signifie « sourire ».

Tout ce que vous souhaitez obtenir dans ce monde peut devenir réalité lorsque vous maîtrisez les secrets ou les principes qui régissent et influencent le monde physique. Il est essentiel de comprendre que ce qui est visible trouve souvent son origine dans l'invisible. Hébreux 11:3 (LSG) : **« C'est par la foi que nous reconnaissons que le monde a été formé par la parole de Dieu, en sorte que ce qu'on voit n'a pas été fait de choses visibles. »**

Job 38:33 (LSG) : **« Connais-tu les lois du ciel ? Règles-tu son pouvoir sur la terre ? »**

La prière est considérée comme l'un des moyens que nous pouvons utiliser pour activer les réponses et vivre victorieusement chaque jour de nos vies. Daniel a lu dans le livre que 70 ans devaient s'écouler avant qu'Israël ne sorte de captivité, il a donc jeûné et prié pendant 21 jours. (Daniel 9:2).

La prière de Daniel a été comme la gâchette du pistolet qui a fait bouger la balle pour qu'elle sorte. Ce qui est intéressant dans ce cas, c'est que Daniel a prié pendant 21 jours avant que l'ange Gabriel n'apparaisse. Il lui a révélé quelques secrets sur ce qui s'est passé entre le moment où il a prié et le moment où il lui a parlé. Le prince de Perse lui résista. (Daniel 10:12).

Daniel ne savait pas ce qui se passait dans le monde invisible, une bataille se déroulait entre la lumière et les ténèbres.

Ce type de prière implique la foi.

Si vous croyez, vous pouvez dire à cette montagne : « Ôte-toi de là », c'est une prière opportune.

La femme qui avait des pertes de sang avait pris sa décision (Luc 8:43-48). Après avoir perdu beaucoup de sang pendant douze longues années, elle avait décidé dans son cœur et fixé un temps pour sa visitation. C'est sa FOI qui avait déclenché la puissance de guérison !

Beaucoup de gens ont pu toucher le Seigneur Jésus, mais la différence entre le toucher des autres et celui de cette femme était sa demande de la grâce qui était disponible à ce moment précis ; en voyant ce que le Seigneur avait dit à partir de cette action, malgré sa crainte quand il s'est retourné et a demandé : « Qui m'a touché ? », le Seigneur lui a dit : **« Ma fille, sois rassurée : ta foi t'a guérie ; va en paix. »**

La décision de cette femme était courageuse. Il faut du courage et de la détermination pour faire confiance à Dieu en toutes choses. Sa prière aurait pu être : « Père Dieu, je prie aujourd'hui pour m'approcher de ton serviteur, sachant qu'il me donnera une bénédiction. Je m'efforcerai de l'atteindre », mais elle ne l'a pas fait.

Vous aussi, vous pouvez prendre exemple sur cette merveilleuse femme de foi ; pendant votre moment de prière, arrêtez Dieu au nom de Jésus et faites-lui faire un détour en votre faveur. Si seulement vous compreniez que votre rôle est si vital pour votre survie, vous ne continueriez pas à vous plaindre et à attendre, mais vous prendriez une décision tout de suite. Quant à la femme qui avait des pertes de sang, elle fut choquée dès que Jésus s'aperçut que la vertu était sortie de lui. Engagez-vous dans la prière dès aujourd'hui et observez les résultats que vous souhaitez voir. Dirigez cette puissance vers cette détermination dans votre cœur, et vous verrez certainement les fruits que votre foi produira dans la prière.

Une prière effectuée à temps et avec conviction finira par porter ses fruits. Utilisez votre capacité à prier et à changer votre situation en lisant cette partie du livre.

Je vous mets au défi de vous arrêter dans le magasin de miracles du royaume de Jésus et d'exercer votre foi en priant pour une situation qui traîne dans votre vie depuis longtemps.

Obtenir des réponses en temps voulu

Je me souviens d'un retard terrible lorsque je vivais en Afrique du Sud et que j'avais besoin d'un permis de travail. Je suis entré en contact avec un fonctionnaire de l'immigration qui m'aidait à obtenir mon permis. Je n'avais pas d'argent, alors j'ai prié Dieu et j'ai cru qu'avant la fin de cette année, j'aurais assez d'argent pour payer mon permis. Avant cela, j'ai essayé de contacter quelques amis, mais en vain ; j'ai donc décidé de rester calme et de faire confiance au Seigneur.

Je me souviens que plus tard cette année-là, en décembre, ma merveilleuse épouse m'a demandé : « Crois-tu toujours Dieu pour une percée ?

J'ai répondu : « Oui, Dieu le sait, la prière n'échoue jamais. » À l'approche de Noël, elle est revenue me demander à nouveau : « Crois-tu toujours Dieu pour une percée ? Crois-tu encore en Dieu pour de l'argent ? » Parce qu'elle me voyait demander de l'aide aux autres, sans en obtenir.

Devinez quoi... nous sommes arrivés au matin du 31 décembre, et elle m'a posé à nouveau la même question ! Je lui ai donné la même réponse.

Elle est revenue plus tard dans la soirée, vers 22 heures, avec la même question ; j'ai gardé mon sang-froid et j'ai dit : « Je crois en Dieu dans cette situation, et la prière n'échoue jamais. »

Nous sommes allés à l'église et avons prié toute la nuit. Mon téléphone était dans ma poche et je louais Dieu pour cette année merveilleuse et pour les choses merveilleuses qu'Il avait faites. Bien que je n'eusse toujours rien reçu le 31 à minuit, j'ai continué à prier. Alors que la louange et l'adoration se poursuivaient et que minuit était passé, que le pasteur proclamait la nouvelle année et que nous nous embrassions en nous souhaitant le meilleur pour la nouvelle année, j'ai soudain sorti mon téléphone de ma poche et j'ai vu plusieurs appels manqués quelques minutes auparavant ; c'était mon beau-père qui m'appelait.

Je l'ai rappelé et lui ai souhaité une bonne année, et il m'a souhaité la même chose. Il dit ensuite : « En fait, je t'ai appelé il y a plus d'une heure, mais en vain ; je t'appelle maintenant parce que je voulais te dire que j'ai mis de côté une somme d'argent de ma prime annuelle pour toi, envoie-moi tes coordonnées pour que je te transfère l'argent. »

Je n'en croyais pas mes oreilles. Vous vous souvenez que j'avais dit et répété que j'avais confiance en Dieu, que la prière n'échouait jamais, que je lui faisais confiance pour un miracle et que j'avais besoin de l'argent avant le 31 décembre à minuit ?

J'ai reçu ma réponse juste à temps, même si c'étaient les dernières minutes avant la fin de l'année, et c'était juste assez pour couvrir le coût de mon permis de travail.

Depuis que je suis devenu conscient de l'importance de la prière, j'ai réalisé que Dieu attend de moi que je fasse des demandes et j'aie confiance qu'Il répondra et exaucera les désirs de mon cœur. Voir ceux qui, après avoir assisté à un service, reviennent avec un témoignage, étant délivrés de toutes leurs infirmités et expérimentant une grande liberté financière, n'est plus une surprise pour moi.

Beaucoup ont témoigné avoir été guéris de l'hypertension artérielle, de maladies de la peau, de douleurs dorsales persistantes depuis plus de dix ans, d'une perte de vision, d'une réanimation d'urgence, de douleurs abdominales, de perte auditive, etc. ; ils ont reçu le remboursement de dettes accumulées pendant de nombreuses années. Certains ont également obtenu des bourses d'études, ont été guéris de maladies sans avoir besoin de chirurgie, et ont fait l'expérience de multiples bénédictions. Ces témoignages sont la preuve tangible de l'existence de Dieu et de l'efficacité de la prière.

Jonas 2:7 (LSG) : « Quand mon âme était abattue au-dedans de moi, Je me suis souvenu de l'Éternel. Et ma prière est parvenue jusqu'à toi, Dans ton saint temple. »

Colossiens 4:2 (traduction libre de la version anglaise AMP) : **« Soyez persévérants et dévoués à la prière, en étant attentifs et concentrés dans votre vie de prière avec une attitude d'action de grâces**. »

- persévérer, être sérieux et infatigable dans la prière, continuer dans la prière.

Luc 11:8 (LSG) **: « je vous le dis, même s'il ne se levait pas pour les lui donner parce que c'est son ami, il se lèverait à cause de son importunité et lui donnerait tout ce dont il a besoin**. »

Si nous persistons dans la prière, selon Luc 11 :8, Dieu nous accordera tout ce dont nous avons besoin. Il est donc crucial de changer notre attitude envers la prière et de ne pas abandonner trop facilement. Le Seigneur est attentif à nos prières, et nous devons comprendre qu'Il est prêt à nous écouter et qu'Il apprécie sincèrement notre conversation.

La prière est un mystère qui transcende les âges et les générations, elle va au-delà de notre temps. Ainsi, nous avons besoin de plus de Dieu.

Engageons-nous donc dans la prière avec sérieux et détermination.

Sous pression ? Priez. Découragé ? Priez. Bloqué et incapable d'avancer ? Priez.

Il est temps pour vous de vous lever dans la prière et de demeurer fermes. La prière vous permet de franchir des étapes et vous transforme. Elle rend disponible une puissance énorme et dynamique dans son déploiement : la puissance pour le changement, l'augmentation, la vitesse et l'onction.

Plus vous consacrez de temps à la prière selon les principes bibliques, plus votre vie de prière sera efficace. Souvenez-vous que les sessions de prière sont des moments de révélation et de création.

Je préfère consacrer six bonnes heures à la prière, à parler et à écouter Dieu, plutôt que de conduire pendant six heures sans dire un mot. La prière aujourd'hui peut avoir un impact grâce à la puissance disponible produite pendant ces moments de communion.

Moïse a passé quarante jours et quarante nuits en présence de Dieu pour recevoir la loi. Daniel a jeûné et prié pendant 21 jours pour obtenir une réponse du Ciel. Si vous passez du temps en prière, vous verrez la gloire de Dieu et vous glorifierez son Saint nom.

« Moïse dit : Fais-moi voir ta gloire ! L'Éternel répondit : Je ferai passer devant toi toute ma bonté, et je proclamerai devant toi le nom de l'Éternel... » Exode 33 :18 (LSG)

Investissez autant de temps que possible dans la prière, et vous pourrez ainsi maximiser votre potentiel de prière et voir des changements se produire. La prière est une arme puissante ; il suffit de garder le cap en faisant confiance à Dieu et en restant concentré sur Lui pendant vos moments de prière.

PARTIE III

PRIER ET CRÉER DES POSSIBILITÉS

La Parole de Dieu révèle que notre Père a des projets merveilleux pour votre vie. Avec la direction et l'aide du Saint-Esprit, vous pouvez compter sur la réalisation de ses promesses et accéder à ses possibilités par la prière. Jérémie 29:11 (LSG) : **« Car je connais les projets que j'ai formés sur vous, dit l'Éternel, projets de paix et non de malheur, afin de vous donner un avenir et de l'espérance. »**

Comprenez qu'Il peut faire bien plus que ce que vous pouvez imaginer ou penser. Éphésiens 3:20-21 (LSG) : **« Or, à celui qui peut faire, par la puissance qui agit en nous, infiniment au-delà de tout ce que nous demandons ou pensons, à lui soit la gloire dans l'Église et en Jésus Christ, dans toutes les générations, aux siècles des siècles ! Amen ! »**

Tout ce que vous avez à faire est de capitaliser sur tout le réservoir de sa grâce à travers la prière pour lui donner des possibilités, car il n'y a rien d'impossible.

IX.

PARLER ET DÉPLACER LES MONTAGNES

Lorsque vous commencez à prier, quelque chose de merveilleux se produit dans votre vie : votre dimension divine est activée.

Si nous considérons la vie de l'apôtre Paul, pouvons-nous expliquer comment le destin d'un meurtrier et le destin d'un apôtre peuvent être réconciliés ? Comment cela est-il possible ? Comment ces deux éléments se rejoignent-ils ?

Mon pasteur m'a raconté l'histoire de sa conversion. Il m'a dit qu'un jour, alors que sa mère assistait à une réunion de prière dans une certaine église, elle reçut un message sur le destin de son fils. Elle continua à prier fidèlement pendant de nombreuses années, mais rien ne se produisait, tandis que l'état de son fils aîné, mentionné dans la prophétie, s'aggravait.

Le pasteur a dit qu'il rentrait souvent tard et qu'il était ivre. Mais sa mère ne cessait pas de prier pour lui. Il dit avoir parfois surpris sa mère en train de prier pour lui, en disant : « Dieu, change mon fils. » Il lui répondait : « Sauver ton fils de quoi ? » En gardant la foi, en s'accrochant à la Parole de Dieu, elle a continué à lui faire confiance de tout son cœur jusqu'à ce que les choses s'accomplissent.

La prière ne faiblit jamais, même s'il s'est écoulé de nombreuses années entre le jour où la parole a été libérée et le jour où son fils a donné sa vie à Christ et est devenu berger.

Ce que la prière fait probablement, c'est ouvrir l'atmosphère du ciel, c'est comme une plaque tournante qui ouvre la dimension des cieux et vous permet de regarder dans le royaume d'où vous venez, de vous définir à partir de perspectives éternelles et non à partir du Chronos (le temps).

Abraham était riche en bétail, mais son destin était plus grand que le bétail. Lors d'une rencontre avec Dieu, il lui a été dit de quitter sa patrie, de s'éloigner de son lieu de naissance (sa famille biologique).

Abraham, qui t'a dit que ton destin dépendait de la taille de ton troupeau et du nombre de tes bêtes ? Tu es le père d'une multitude de nations, tu es plus qu'un propriétaire de bétail, tu es le père d'une multitude.

À supposer qu'Abraham n'ait jamais fait de rencontre, il se serait défini comme l'homme le plus riche de son temps en se basant sur l'hypothèse du bétail. Quelle mentalité très limitée et quelle perspective étroite de la version que nous avons de ce que Dieu a en réserve pour nous.

Pourtant, Abraham s'est frayé un chemin vers le meilleur de sa vie, car lorsque le destin invisible s'ouvre, nous découvrons que dans la dimension de Dieu, les possibilités ne peuvent qu'être égales. Parce qu'Il vous a créé à son image et à sa ressemblance.

Pour saisir les mystères qui se cachent derrière ce qui nous attend, nous devons passer par le processus de transformation en plusieurs phases :

1. La mortification : votre chair sera soumise.

2. Renouvellement de l'esprit : vous serez éclairé au-delà du domaine physique, et au-dessus de la philosophie.

Il se passe quelque chose lorsque nous commençons à prier. L'apôtre Paul le mentionne au dix-huitième verset du deuxième chapitre de son épître à l'église d'Éphèse, l'appelant « les yeux de notre intelligence » qui, lorsque nous prions, s'ouvrent et nous éclairent pour voir au-delà de ce qui est tangible. Vous devez savoir qu'il y a un autre œil qui peut voir des choses que nous ne pouvons pas voir, et qui s'appelle « les yeux de notre intelligence », et c'est l'espoir de notre vocation. Ce sont des richesses inouïes que les saints possèdent et qui les éclairent.

Éphésiens 1:18 (LSG) : **« Et qu'il illumine les yeux de votre cœur, pour que vous sachiez quelle est l'espérance qui s'attache à son appel, quelle est la richesse de la gloire de son héritage qu'il réserve aux saints… »**

Le Maître l'a également mentionné pour ses disciples dans Luc 24:45 (LSG) : **« Alors il leur ouvrit l'esprit, afin qu'ils comprissent les Écritures. »**

Il s'agit d'entrer en contact avec une puissance, non pas une puissance ordinaire, mais la Puissance qui a ressuscité Jésus d'entre les morts. Ce n'est qu'alors que l'homme peut commencer à voir ce qui provoque la résurrection. En prenant conscience de ces réalités et de la richesse que nous possédons, rien de ce que nous touchons peut mourir. Si vous touchez une entreprise en faillite avec une compréhension spirituelle, elle reviendra à la vie. Là où les gens ont vu la crise, vous recommencerez à voir des opportunités. Ils se demanderont ce que vous avez étudié, mais ne comprendront pas que « les yeux de votre compréhension sont éclairés. »

Comment pouvez-vous concilier la destinée d'une prostituée à la destinée de Jésus Christ ? Il s'agit de deux mondes diamétralement opposés.

Le roi Ézéchias a surmonté les menaces du roi Sennachérib de Syrie et ses paroles défiantes contre le Dieu vivant.

« Ézéchias prit la lettre de la main des messagers, et la lut. Puis il monta à la maison de l'Éternel, et la déploya devant l'Éternel, qui il adressa cette prière : Éternel des armées, Dieu d'Israël, assis sur les chérubins ! C'est toi qui es le seul Dieu de tous les royaumes de la terre, c'est toi qui as fait les cieux et la terre. Éternel, incline ton oreille, et écoute ! Éternel, ouvre tes yeux, et regarde ! Entends toutes les paroles que Sanchérib a envoyées pour insulter au Dieu vivant ! Il est vrai, ô Éternel ! que les rois d'Assyrie ont ravagé tous les pays et leur propre pays, et qu'ils ont jeté leurs dieux dans le feu ; mais ce n'étaient point des dieux, c'étaient des ouvrages de mains d'homme, du bois et de la pierre ; et ils les ont anéantis. Maintenant, Éternel, notre Dieu, délivre-nous de la main de Sanchérib, et que tous les royaumes de la terre sachent que toi seul es l'Éternel !

Alors Esaïe, fils d'Amots, envoya dire à Ézéchias : Ainsi parle l'Éternel, le Dieu d'Israël : J'ai entendu la prière que tu m'as adressée au sujet de Sanchérib, roi d'Assyrie. » Ésaïe 37:14-21 (LSG)

LA PRIÈRE RENFORCERA VOS CAPACITÉS

Lorsque nous considérons les pilotes, vous pouvez deviner ce dont ils ne parlent pas ou très rarement : le nombre de maisons qu'ils ont construites ou le montant de leur compte en banque. Ils parlent plutôt du nombre d'heures passées dans les airs avec leur avion.

Plus nous volons, plus nous découvrons les différentes atmosphères qui nous entourent. Qu'est-ce qui fait d'un pilote un commandant de bord ? Celui qui a passé dix mille heures de vol ou plus a des chances d'être promu à ce niveau. Cela montre qu'il a de l'expérience, qu'il sait différencier l'atmosphère du ciel, quand le soleil disparaît et que l'atmosphère devient humide, qu'il sait quand il pleut, quelles sont les précautions à prendre lors de l'atterrissage.

Effectivement, tout comme les pilotes, les hommes qui ont passé des heures dans un lieu de prière maîtrisent ce qui peut se passer dans un lieu de prière ; ils passent des heures dans la présence de Dieu. Ils discernent les changements d'atmosphère spirituelle.

Jésus a convoqué ses disciples au sujet du temps de prière. **« Et il vint vers les disciples, qu'il trouva endormis, et il dit à Pierre : Vous n'avez donc pu veiller une heure avec moi ! Veillez et priez, afin que vous ne tombiez pas dans la tentation ; l'esprit est bien disposé, mais la chair est faible… »** Matthieu 26:40-43 (LSG)

Jésus est consterné par le manque de disponibilité de ses disciples à un moment aussi critique de leur vie. Probablement, se dit-il, ''mes disciples n'ont pas pu saisir la recette que j'ai élaborée pour répondre à leurs besoins.'' On apprend et on grandit en faisant ce qu'on nous dit. Ils n'ont donc pas pu saisir la révélation qui se cachait derrière cette invitation.

Comment voulez-vous grandir dans la prière si vous ne saisissez pas toutes les occasions de prier qui se présentent à vous ? Il voulait certainement qu'ils soumettent leur chair et permettent à leur esprit de régner. Au lieu de cela, la chair a pris le dessus et ils sont tombés dans un profond sommeil alors que ce n'était pas le bon moment.

La Parole de Dieu révèle comment des hommes de prière passionnés ont fait face à différentes situations et ont apporté la victoire à de nombreuses personnes. Ils ont généralement fait preuve d'un haut niveau de diligence et d'urgence dans le traitement des problèmes au fur et à mesure qu'ils se présentaient grâce à la prière.

Un bon exemple est donné par le prophète Daniel, qui apprit comment tous les sages de Babylon devaient être tués si le roi ne recevait pas l'explication du songe qu'il avait reçu. Daniel décida de mettre de côté un temps sérieux de prière et de jeûne. Écoutons comment Daniel s'adresse au roi : « **Ce que le roi demande est difficile ; il n'y a personne qui puisse le dire au roi, excepté les dieux, dont la demeure n'est pas parmi les hommes... » Daniel se rendit vers le roi, et le pria de lui accorder du temps pour donner au roi l'explication. Ensuite Daniel alla dans sa maison, et il instruisit de cette affaire Hanania, Mischaël et Azaria, ses compagnons, les engageant à implorer la miséricorde du Dieu des cieux, afin qu'on ne fît pas périr Daniel et ses compagnons avec le reste des sages de Babylone. »**

« Alors le secret fut révélé à Daniel dans une vision pendant la nuit. Et Daniel bénit le Dieu des cieux. Daniel prit la parole et dit : Béni soit le nom de Dieu, d'éternité en éternité ! À lui appartiennent la sagesse et la force. C'est lui qui change les temps et les circonstances, qui renverse et qui établit les rois, qui donne la sagesse aux sages et la science à ceux qui ont de l'intelligence. » Daniel 2:11;16-21 (LSG)

Abraham a cherché un enfant auprès de Dieu pendant plus de 25 ans, et Dieu a cherché un père parmi de nombreuses nations.

Anne a demandé un enfant au Seigneur, mais Dieu ne lui a pas accordé ce qu'elle voulait parce que Dieu avait besoin d'un enfant que Anne lui donnerait en retour pour sa propre gloire. Comme un Père responsable, Il lui a ensuite permis d'atteindre le point où elle pouvait comprendre que tout ce qu'elle recevrait de sa main lui revient de droit, y compris l'enfant qu'elle demandait. Dieu lui a finalement donné un enfant. En fait, un prophète était en train de se manifester dans le monde. Son fils était moins important que le prophète (Samuel) qui allait recevoir le mandat de diriger Israël.

Votre choix de valoriser votre vie de prière est crucial. Dieu se réjouit de vos prières. Chaque session de prière offre une opportunité de créer, de discerner votre destinée et de trouver votre voie. En plaçant votre confiance en Dieu, le temps ordinaire cède la place à l'instant divin, la lumière du Père vous inonde et vous commencez à rayonner.

Préparez-vous à une grande effusion de l'Esprit en vous consacrant à la prière. Chaque fois que vous vous adressez au Père, faites-le avec une ferveur renouvelée, comme si c'était la dernière fois. La prière est puissante ; utilisez vos genoux pour façonner le cours de votre vie et bâtir votre avenir sur la Parole de Dieu. Par la prière et l'adoration, nous cultivons et préparons nos moments *Kairos*. Dieu est vraiment fidèle, et sa parole est fiable.

CONCLUSION

Ce livre a capturé les merveilleuses réalités du Royaume de Dieu à travers le ministère du Saint-Esprit, la parole de lumière, décrivant le mystère de la prière, dans une dimension plus profonde de la relation entre le père et le fils vivant dans l'harmonie dictée par le sacrifice de la Croix.

Il s'agit en effet de moments rafraîchissants dans le couloir de la prière où Dieu, notre Père, est clairement mentionné comme celui qui entend lorsque nous nous tournons vers lui, et la plongée profonde dans ses attributs allumera la flamme responsable d'alimenter votre passion pour passer du temps de qualité dans la présence de Dieu (*Shekinah*).

Moïse était considéré comme un homme qui parlait à Dieu face à face. Il a passé quarante jours et quarante nuits au sommet de la montagne ; il était l'invité de Dieu. Exode 34:28 (LSG) : « **Moïse fut là avec l'Éternel quarante jours et quarante nuits. Il ne mangea point de pain, et il ne but point d'eau. Et l'Éternel écrivit sur les tables les paroles de l'alliance, les dix paroles. Moïse descendit de la montagne de Sinaï, ayant les deux tables du témoignage**

dans sa main, en descendant de la montagne ; et il ne savait pas que la peau de son visage rayonnait, parce qu'il avait parlé avec l'Éternel. »

Il a passé du temps à parler à El Shaddai. Il est notre Père, le Monarque de l'univers ; au-delà de Dieu, il n'y a que Dieu et Dieu seul, personne d'autre n'est au-dessus de Lui. Quelle joie de savoir que celui qui est assis sur le trône de sa Majesté se réjouit des paroles qui sortent de la bouche de l'homme juste.

Je me souviens d'une histoire étonnante racontée par l'un de mes pasteurs. Il disait aimer passer du temps avec sa famille. Un jour, alors qu'il passait du temps avec sa fille, il s'est trouvé que celle-ci menait la conversation. Au bout d'un moment, la fille s'est rendu compte que son père n'était pas réceptif à la conversation, et elle s'est immédiatement arrêtée : « Papa, as-tu entendu ce que j'ai dit ? Papa, tu as entendu ce que je viens de dire ? »

Elle a continué, avec insistance : « Papa, regarde-moi. » Son père répondit : « Je t'ai entendue. » Le pasteur a dit qu'il avait appris une leçon ce jour-là, et que la façon dont elle l'avait interrogé lui a permis de mieux comprendre ce que signifie écouter quelqu'un. Il a poursuivi en disant que le fait d'écouter avait une signification plus profonde qui impliquait la nécessité de regarder la personne et de porter toute son attention sur les paroles qu'elle prononçait.

Les voies de Dieu sont profondes, et personne ne peut comprendre ses plans à moins que le Saint-Esprit n'ouvre les yeux de notre compréhension. Je m'interroge souvent sur le secret qui permet à Dieu d'aider tous ceux qui prient en même temps.

Prier est en effet un voyage d'amour, d'admiration de la présence de Dieu et de temps de qualité avec le seul à qui appartient tout l'univers, avec Celui qui fixe les normes et veille sur le cosmos.

Soyez enthousiaste, priez et priez encore. C'est un appel à la prière, mettez-vous à genoux, influencez votre génération et au-delà. Lorsque vous décidez de parler au nom de toute personne qui est sous l'influence du monde des ténèbres, obscurcie par les doutes, les incertitudes, le manque de clarté ou de direction, Dieu peut la faire briller à nouveau et lui donner vie. En effet, à chaque fois que nous recevons, que nous prenons soin de quelqu'un et que nous cultivons une vie de prière forte et cohérente, nous devons nous assurer que nos aspirations de vie vibrent dans la même gamme de fréquences des principes divins, pour produire le résultat désiré lorsque nous nous engageons dans la prière.

C'est la prière qui permet au monde spirituel d'avoir un impact sur le monde physique et de manifester la gloire du Père pour tout ce que nous pouvons demander. Lorsque vous priez, vous devez vous focaliser correctement.

Par conséquent, l'une de clés qui contrôle la poursuite de la maîtrise des réalités spirituelles est cachée dans la connaissance des principes de la prière. Ne limitez pas la vie au monde visible, la vie est spirituelle et si vous voulez amener le monde invisible dans le monde visible, vous devez comprendre ce qu'est la « PRIÈRE » et vous engager à PRIER parce que Dieu se réjouit de votre prière.

Ne priez pas parce que tout le monde prie ou parce qu'on vous dit de prier ; c'est ce qui fait en sorte que quand vous n'obtenez pas le résultat que vous voulez, vous vous découragez et « nommez votre expérience », NON !

Le diable est un menteur et le père des menteurs. L'apôtre dit : **« ...La prière fervente du juste a une grande efficace... »** Jacques 5:16 (LSG)

La prière a sa place quand il s'agit du destin. Beaucoup de gens prient, mais très peu comprennent la prière. Beaucoup de croyants ne sont pas conscients du rôle de la prière dans l'élaboration de leur destinée.

Nous devons considérer le passage suivant de l'Écriture chaque fois que les choses vont mal dans nos vies spirituelles. Chaque fois que notre propre volonté est en conflit avec la volonté du Père. « Maintenant donc ainsi a dit l'Éternel des armées : **« Considérez attentivement votre conduite. Vous avez semé beaucoup, mais vous avez peu serré ; vous avez mangé, mais non pas jusqu'à être rassasiés ; vous avez bu, mais vous n'avez pas eu de**

quoi boire abondamment ; vous avez été vêtus, mais non pas jusqu'à en être échauffés, et celui qui se loue, se loue [pour mettre] son salaire dans un sac percé. Ainsi a dit l'Éternel des armées : Pesez bien votre conduite. » Aggée 1:5-7 (LSG)

Il y a quelque chose que vous n'avez pas compris, quelque chose que vous n'avez pas maîtrisé en essayant de remplir votre mandat sur terre. C'est pourquoi vous devez sonder votre cœur et vous repentir.

Ayant une nouvelle révélation et une nouvelle compréhension des dimensions profondes de la prière, bâtissons sur cette fondation et construisons l'héritage fort et durable d'une vie chrétienne basée sur la prière qui nous permet de vivre victorieusement et d'accomplir notre mandat sur la terre. Le problème n'est jamais du côté de Dieu, il a toujours été du côté de l'homme. Il se met à notre disposition pour nous aider. Il se rend disponible pour nous entendre ; priez maintenant et vous serez étonné.

O TOI QUI ÉCOUTES LA PRIÈRE

C'est en tirant parti du ministère de la prière que nous pouvons créer des possibilités infinies.

Depuis le début de la création, Dieu a montré un intérêt profond pour la communion humaine, se réjouissant de passer du temps avec Adam et Ève. L'importance d'avoir un auditeur efficace qui est prêt à nous écouter influence grandement notre temps de dévotion, transformant ainsi la prière en un ministère de dévotion.

À PROPOS DE L'AUTEUR

Le pasteur Alain Lubamba a dirigé toutes les activités de sensibilisation, d'implantation d'églises, d'expansion et de mission pour l'église Divine Grace Gathering Church au Canada et dans le monde entier.

C'est un homme de Dieu merveilleux, passionné et fervent, un gagneur d'âmes, un éveilleur avec de nombreuses années d'expérience dans le leadership et le ministère, du ministère auprès des jeunes au Centre Évangélique et Francophone la Borne en RDC, à l'Église Christ Embassy, au ministère pastoral dans la DGG.

C'est un chrétien engagé qui aime la prière et qui a expérimenté la puissance de Dieu pour aider les croyants à vivre une vie victorieuse et passionnante chaque jour. Il est titulaire d'un diplôme de théologie et d'étude biblique, d'une maîtrise en finance et de nombreux autres diplômes.

Imprimé au Canada.

Buy your books fast and straightforward online - at one of world's fastest growing online book stores! Environmentally sound due to Print-on-Demand technologies.

Buy your books online at
www.morebooks.shop

Compre os seus livros mais rápido e diretamente na internet, em uma das livrarias on-line com o maior crescimento no mundo! Produção que protege o meio ambiente através das tecnologias de impressão sob demanda.

Compre os seus livros on-line em
www.morebooks.shop

KS OmniScriptum Publishing
Brivibas gatve 197
LV-1039 Riga, Latvia
Telefax: +371 686 204 55

info@omniscriptum.com
www.omniscriptum.com

Printed by Books on Demand GmbH, Norderstedt / Germany